조선의 마지막 왕녀

덕혜옹주

마음으로 기억하는 인물시리즈 ❶

조선의 마지막 왕녀

덕혜옹주

김이슬 글 | 김소영 그림

저자의 말

　덕혜옹주는 우리나라의 역사에서 가장 힘든 시기에 태어나, 가족, 집, 나라 등 한 사람에게 중요하게 여겨지는 모든 것을 빼앗긴 채 살아야 했던 비운의 인물입니다. 너무 아픈 그녀의 삶을 어린 독자들이 어떻게 하면 명확하게 이해하고 받아들일 수 있을까 오랜 고민을 했습니다. '조선의 마지막 왕녀'라는 여인의 삶이 이토록 처참한 것이 슬펐고, 그 삶을 기록한 자료가 턱없이 부족한 것이, 게다가 왜곡되어 전해지는 것이 참으로 안타까웠습니다. 혹여나 어린 독자들에게 덕혜옹주의 상처가 너무 크게 와닿지 않을까 걱

정도 많이 했습니다.

　이것 또한 우리가 반드시 알아야 할, 살아 있는 역사라는 확신을 얻고서야 용기를 내어 집필을 시작했습니다. 어쩌면 미디어를 통해 알려진 것과는 다를지도 모릅니다. 그래서 더욱 실망스러울지 모릅니다. 그러나 왕녀로서뿐 아니라 한 사람의 삶, 또 한 여성의 삶이 반영하는 우리의 역사에 귀 기울여 주길 바랍니다.

　한 사람의 삶을 제대로 이해하기 위해서는 그 사람이 어떤 환경에서 살았는지를 알 필요가 있습니다. 그래야 그 사람이 왜 그런 말과 행동을 했는지를 이해할 수 있기 때문이지요. 또한 역사는 개개인의 삶이 모여 이루어집니다. 덕혜옹주의 이야기가 비록 소설처럼 읽힐지언정 실제 우리 역사의 한 부분입니다. 현재를 살아가는 우리의 삶도 미래에는 역사로 기억될 것처럼 말이지요.

책에서 덕혜옹주의 이야기를 풀어 나가면서, 중간 중간 역사적 배경을 설명하는 글을 넣은 이유가 바로 이것입니다. 시대적 상황을 아는 것이 그녀의 삶을 이해하는 데 큰 도움이 되기 때문이지요. 특히 덕혜옹주는 왕녀로 태어나 자신이 원하는 삶을 살지 못하고, 나라를 빼앗은 일본의 뜻에 따라 이리저리 휘둘리는 삶을 살아야 했습니다. 덕혜옹주의 이야기와 함께 당시 한국과 세계적인 역사의 흐름을 이해할 수 있길 바랍니다.

저 역시 그 시대에 살지 않았기에 누군가 남겨놓은 귀중한 자료들을 통해 이 글을 쓸 수 있었습니다. 글을 쓰는 동안은 내가 그 인물이라면 어땠을까, 나라면 어떤 생각을 했고 어떤 말을 했을까를 상상하며 깊이 몰입하는 시간이었습니다. 여러분도 글을 읽으면서 내가 덕혜옹주라면 어떻게 했을까를 생각해 보세요. 스스로 혹은 친구나 부모님, 선생님과 함께 조금 더 깊이 생각할 수 있는 시간을 가질 수 있도록, 책의 마지막에 생각해 보면 좋을 질문들을 수록 했습니다. 좀 더 상상하기 쉽도록 덕혜옹주의 상황을 현재 일상에서 겪을 만한 상황으로 바꾸어, 나라면 어떻게 했을까를 생각하고 적어 보는 독후 활동을 실었습니다.

    역사는 '승자의 기록'이라는 말이 있습니다. 기록을 남긴다는 것은 이긴 사람의 특권이기 때문이지요. 하지만 아픈 패배의 역사, 잘못한 역사를 아는 것도 중요합니다. 승자의 입장에서 쓰인 역사만을 공부한다면 과거를 통해 배울 수 있는 게 없기 때문이지요. 덕혜옹주가 위대한 업적을 쌓은 인물은 아니지만, '마음으로 기억하는 인물시리즈'의 첫 번째 인물이 된 이유도 바로 여기에 있습니다. 덕혜옹주는 나라를 빼앗긴 우리나라의 역사를 상징하는 인물입니다. 이 책을 통해 과거의 비극과 아픔이 반복되지 않기 위해서 어떻게 하면 좋을지에 대해서도 생각해 보는 시간을 가지길 바랍니다.

                                  김이슬

차례

저자의 말 _ 4

덕수궁의 보물, 복녕당 아기씨 _ 10
　덕혜옹주를 통해 본 세계사
　대한제국의 옹주는 왜 일본에서 살아야 했을까요? _ 21

아픔을 머금은 꽃봉오리 _ 24
　덕혜옹주를 통해 본 한국사
　일본은 어떻게 우리나라를 침략했을까요? _ 37

그대, 나를 두고 가지 마오 _ 40
　덕혜옹주를 통해 본 한국사
　조선의 왕비는 왜 일본에 의해 죽었을까요? _ 52

벼랑 끝에 서서 _ 56
　덕혜옹주를 통해 본 한국사
　3.1운동의 무기가 태극기였다고요? _ 68

가면을 쓴 소녀 _ 72
　덕혜옹주를 통해 본 한국사
　일제강점기에 우리나라는 어떤 억압을 받았을까요? _ 84

그리고 아무도 없었다 _ 88
덕혜옹주를 통해 본 한국사
우리나라 사람들은 나라를 되찾기 위해 어떤 일들을 했을까요? _ 99

일본을 떠도는 조선의 유령 _ 102
덕혜옹주를 통해 본 한국사
일본군 위안부 할머니들은 사과를 받을 수 있을까요? _ 114

세상에서 가장 슬픈 웨딩마치 _ 118
덕혜옹주를 통해 본 세계사
지금도 왕이 있는 나라가 있나요? _ 127

내 딸 정혜 _ 130
덕혜옹주를 통해 본 세계사
대한민국의 광복은 어떻게 이루어졌을까요? _ 140

마음의 감옥에서, 마침내 집으로 _ 144
덕혜옹주를 통해 본 한국사
대한민국 국민은 왜 다시 광장으로 나가야 했을까요? _ 158

내가 덕혜옹주라면 _ 162
한국사 속 덕혜옹주의 생애 _ 166
이 책의 참고자료 _ 169

덕수궁의 보물, 복녕당 아기씨

"복녕당은 아직이더냐?"
"송구하옵니다, 전하."
"허 참…."
 모처럼 따사로운 햇살이 덕수궁을 비추고 있건만, 궐 안은 어째 분주하고 초조한 기운으로 가득했다. 윗전의 눈치를 보며 머리를 조아리고 있는 상궁들보다 더 불안한 발걸음으로 함녕전 뜰 안을 이리저리 걸어 다니는 이는 다름 아닌 고종이었다. 알록달록한 봄꽃들이 만개해 저마다 향기를 뿜내고 있는 궁궐은 그 어느 때보다 아름다웠으나, 그의 시선을 잡아끌기에는 역부족이었다.

정비 명성황후를 비롯해 영보당 이씨, 강화당 이씨, 보헌당 정씨 등 모두 여덟 명의 부인이 있었지만, 고종의 자녀는 세 명이었다. 정확히 말하면, 아홉 명의 피붙이 중 병마 등으로부터 살아남은 자식이라고는 순종과 의친왕 이강, 영친왕 이은 단 셋뿐이었다.

고종은 초조해질 수밖에 없었다. 사랑하는 사람을 너무도 많이 잃었다. 조선의 국모는 궐 안에서 잔인하게 살해당했다. 많이 의지하던 엄비 역시 전염병으로 세상을 떠났다. 대한제국의 '황제'에서 '이태왕'으로 강제 격하된 것은 물론, 2년 전에는 일본과의 합병으로 500년 역사를 지닌 조선왕조까지 잃고 말았다.

자꾸만 엄습하는 불길한 기운을 고종은 애써 떨쳐내려 고개를 마구 흔들었다. 왕의 체통은 버린 지 오래, 그의 모든 신경은 양 귀인의 해산에 집중되어 있었다. 명성황후를 잃은 뒤 가장 많이 마음을 주었던 세수간 나인 양씨에게 태기가 있다는 사실을 듣자마자 곧장 '귀인'이라는 작위를

 내린 것만 보아도 고종의 기대와 바람이 얼마나 컸는지 짐작할 수 있다.
 어느덧 해가 뉘엿뉘엿 저물기 시작했다. 상궁 하나가 고종의 찌푸린 미간을 감히 쳐다보지도 못한 채 조심스레 아뢰었다.

"전하, 제가 다시 한 번 복녕당에 다녀오겠사옵니다."

'그만 두어라, 곧 소식이 오겠지.'라고 말하고 싶었다. 하지만 자신도 모르게 고종의 고개는 위아래로 끄덕거리고 있었다.

"그래 주겠느냐?"

"예, 전하!"

상궁은 종종걸음을 치며 기꺼이 복녕당으로 향했다. 하늘은 붉게 물들었다가, 점차 검게 변하기 시작했다. 고종의 얼굴에도 따라서 그림자가 드리워졌다. 또 한 차례 깊은 한숨을 내쉬던 차에, 저 멀리서부터 외치는 소리가 들려왔다.

"전하!"

궁녀가 달음질하며 있는 힘껏 소리치고 있었다.

"마마께서, 양 귀인 마마께서…."

"무어냐, 무슨 일이냐?"

땀까지 흘리며 달려온 상궁이 숨을 고를 틈도 없이 고종은 그녀를 닦달했다.

"헉헉, 양 귀인 마마께서 예쁜 아기씨를 순산하셨다 하옵니다!"

"아아!"

안도의 한숨과 함께 고종의 가슴에서 뜨거운 것이 벅차올랐다. 코가 시큰해지더니, 이윽고 눈가마저 뜨겁고 촉촉해졌다. 한동안 말을 이을 수 없을 정도였다.

어찌 크나큰 축복이 아닐 수 있으랴. 이것은 희망이다. 기쁨이다. 희열이다. 봄꽃들이 터트리는 노랫말이다.

1912년 5월 25일, 먹구름에 가려 음울하기만 하던 덕수궁에 마침내 '진짜 봄날'이 도래한 것이다.

"어떠냐, 아기는? 양 귀인은? 건강하더냐?"

"예, 두 분 모두 건강하시다 하옵니다."

"하하, 거 참…. 아이는 어떻게 생겼더냐? 나를 닮았느냐, 아니면 제 어미를 닮았느냐? 어서 대답해 보거라!"

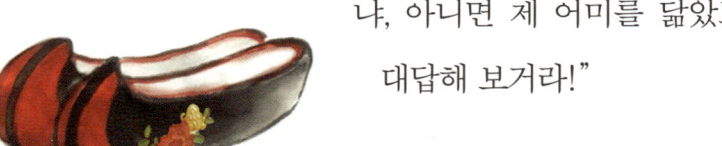

벅찬 마음을 간신히 부여잡은 고종은 체통도 잊고 상궁을 재촉했다. 덩달아 마음을 놓은 궁녀들의 얼굴에도 함박 웃음꽃이 잔뜩 피었다.

"예, 아기씨께서 전하를 쏙 빼닮아 아주 예쁘다고 하옵니다."

"허허, 이거야 원…. 안 되겠다, 내가 직접 이 두 눈으로 똑똑히 보지 않고는 견딜 수가 없구나."

"예? 지금 말씀이시옵니까?"

궁녀들의 눈이 커졌다. 사람들은 대개 삼칠일이라는 민속신앙을 지켰기 때문이다. 즉, 스물 하루째의 날까지는 금줄을 치고 가족과 이웃의 출입을 삼가다가, 그 이후가 되어서야 비로소 산모를 방문하곤 했던 것이다. 그러나 고종은 한시도 기다릴 수가 없었다.

"당장 채비를 하라!"

아기가 빛을 본 지 30분도 채 지나지 않아 고종은 복녕당을 찾았다. 궁인들은 물론 이제야 막 몸을 푼 양 귀인도 깜짝 놀라 어쩔 줄을 몰라 했다.

"저, 전하!"

"이 누추한 곳까지 어찌…."

그러나 정작 고종의 입은 한동안 열리지 않았다. 벌렁거리는 심장을 안고 복녕당까지 서둘러 달려왔건만, 정작 포대기에 꽁꽁 싸인 이 작은 아기 앞에 서자 모든 것이 사르르 녹아지고 가라앉는 것이었다. 눈도 아직 채 뜨지 못한 갓난아기가 몸을 옴찔거리는 모습을 가만히 보고 있자니, 고종은 문득 가슴이 먹먹해졌다.

환갑에 얻은 귀하디귀한 딸아이, 눈에 넣어도 아프지 않을 이 아이…. 그러나 망국의 왕녀로 살아가야 하는, 버텨내야 하는 이 세상이 두려웠다. 이런 세상에서 살게 하는 것이 너무나도 미안했다. 그러나 고종은 거룩한 생명의 탄생 앞에 애써 그 모든 두려움을 억눌렀다.

"…정말 고맙구나."

잔잔히 미소 지으며 간신히 건넨 한마디에, 양 귀인의 두 눈에 감격의 눈물이 차올랐다.

"여봐라, 양 귀인에게 '복녕'이라는 당호를 내리도록 하라!"

"성은이 망극하옵니다, 전하."

이렇듯 아이의 탄생은 고종 일생일대의 커다란 선물이었다. 춥고 어둡고 쓸쓸하던 노년에 모처럼 생기가 돌기 시작했다.

사실상 고종의 말년은 아기의 탄생 이전과 이후로 대비된다고 해도 과언이 아니었다. 아내와 나라를 잃은 충격과 자책으로 잠을 통 이루지 못하다가 새벽 3시나 되어서야 잠자리에 들었고, 오전 10시나 되어야 일어나 늦은 식사를 했다. 낮에는 선조에게 제사를 지내며 시간을 보냈고, 밤에는 궁궐 뜰을 거닐거나 궁녀들과 어울리는 단조로운 생활을 쳇바퀴처럼 반복하곤 했다.

그러나 막내딸의 존재가 고종의 하루를 완전히 바꾸어버린 것이다. 모두가 '복녕당 아기씨'라 불렀지만, 고종은 아이를 '아지'라는 애칭으로 부르며 이른 아침부터 친인척을 불러모아 자랑했고, 하루에도 두세 번씩 복녕당에 들러 양 귀인과 아이의 얼굴을 보곤 했다.

고종은 도무지 기쁨을 감출 생각이 없어 보였다. 일가친척들을 모두 불러 늦둥이 막내딸을 자랑한 것만 보아도 알 수 있다. 태어난 지 고작 사흘이 지났을 뿐인 갓난쟁이에게 흥친왕 등 종친들이 문안인사를 드리고자 덕수궁을 찾았고, 일주일이 지났을 무렵부터 순종 내외를 비롯한 종척들의 알현이 있을 정도였다. 아이가 태어난 지 한 달이 조금 넘었을 무렵에는 성대한 연회를 베풀어 종척들과 즐거움을 나누기도 했다.

"어떻소? 우리 아지가! 이 작은 손을 좀 보십시오. 발가락은 또 어떻습니까? 하하하!"

"회갑에 태어난 아이는 아버지를 쏙 빼닮는다더니, 정녕 그런 듯하옵니다."

"허허, 그대의 눈에도 그렇게 보이는가?"

심지어 아이를 자신의 무릎에 앉혀 놓은 채, 궁녀들에게도 자랑을 할 정도였다.

"이 아기를 좀 보거라, 이 작은 손을 한번 만져 보아라!"

"예에? 저희가 어찌 감히 아기씨를…."

"괜찮으니 이 어여쁜 것을 좀 보거라! 하하하!"

좀체 큰 소리가 나는 법이 없던 함녕전에도 어느 날인가부터 웃음꽃이 활짝 피어나기 시작했다. 조금이라도 더 그 어린 것을 보고 싶어 어쩔 줄 모르던 고종이, 이제 갓 두 달이 지난 아이의 거처를 복녕당에서 자신이 거주하는 함녕전으로 옮기도록 지시한 것이다. 한시도 떨어져 있기가 싫었던 모양이다.

고종은 심지어 유모가 아이에게 젖을 먹이고 있는 중에도 개의치 않고 예쁜 막내딸을 보러 가기도 했다. 아이가 그 작은 입술을 꼬물거리며 젖을 먹는 모습을 흐뭇하게 바라보았다.

'사랑스러운 나의 아지, 너를 지킬 수만 있다면 나는 무슨 짓이든 할 것이다.'

자신의 처지를 아는지 모르는지 그저 세차게 젖을 빠는 아이를 물끄러미 들여다보며, 고종은 이렇게 다짐하고 또 다짐하는 것이었다.

덕혜옹주를 통해 본 세계사

대한제국의 옹주는
왜 일본에서 살아야 했을까요?

덕혜옹주는 조선의 마지막 왕인 고종의 딸로 태어나, 대한제국과 일제 강점기, 광복 후의 근대 대한민국이라는 한국사어 서도 가장 큰 혼란과 변화의 시대를 살다 간 인물입니다. 덕혜옹주는 왜 원하지 않았음에도 일본으로 가서 37년 동안 살아야 했을까요? 그녀는 왜 일본의 옷을 입고 일본어를 써야 했을까요? 이런 슬픈 일이 일어난 이유에 대해 세계의 역사를 통해 살펴보겠습니다.

제국주의

19세기 후반에 다른 나라보다 먼저 빠르게 발전해 힘을 키운 미국, 영국, 프랑스, 독일, 일본 등의 나라가, 아프리카나 아시아의 힘은 약하지만 자원이 풍부한 나라들을 침략해 지배했던 시기를 제국주의 시대라고 합니다.

영국에서 시작된 산업혁명으로 미국과 유럽에서는 기계를 이용해 많은 물건을 만들어낼 수 있었습니다. 공장에서 생산한 상품들은 쌓여 갔으나 이를 내다 팔 곳이 마땅치 않았습니다. 그래서 힘이 센 나라들은 약한 나라들을 침략했습니다. 힘이 약한 나라의 값싼 재료와 노동력으로 물건을 만들고, 그 나라에 물건을 팔아 돈을 마구 벌어들이기 위해서였지요. 그들은 그렇게 부를 축적하며 나라의 힘을 더욱 키워 갔습니다.

그런 식으로 식민지를 늘려 간 서양의 제국들에 의해서 중국과 일본은 조선보다 먼저 나라의 문을 열어야 했습니다. 중국은 영국와의 아편 전쟁에서 졌고, 일본은 미국 함선이 쳐들어와서 개항을 할 수밖에 없었습니다. 강제로 항구를 열었기 때문에 중국과 일본은 차례대로 서양과 불평등 조약을 맺어야 했습니다. 그리고 제국들은 중국의 옆에 붙어 있는 작은 나라, 조선까지 기웃거리기 시작했습니다.

쇄국과 개화

당시 조선을 다스리고 있었던 것은 고종의 아버지인 흥선대원군이었습니다. 고종이 열두 살에 왕이 되자 흥선대원군은 어린 아들을 대신해서 10년간 나라를 다스렸지요.

그때 프랑스, 미국, 영국, 독일, 러시아와 같은 제국들이 커다란 배를 이끌고 쳐들어왔습니다. 강화도, 평양 등 바다와 강으로 연결되어 있는 항구에 배를 대고 물건을 빼앗고 사람들을 괴롭혔지요. 흥선대원군은 맞서 싸우기로 했습니다. 1866년에는 프랑스, 1871년에는 미국과 강화도에서 큰 싸움을 벌이기도 했습니다. 이렇게 외국과의 무역이나 교류를 막는 것을 쇄국 정책이라고 합니다.

하지만 신식 무기를 앞세운 제국들이 개항을 요구하는 압력을 작은 나라가 버티기란 쉽지 않았습니다. 조선 내에서도 지식인들 사이에서 서양의 문물과 과학 기술을 배우고 무역을 통해 나라를 발전시켜야 한다는 목소리가 높아졌습니다. 이를 개화사상이라고 하지요.

고종이 성인이 되어 직접 나라를 다스리기 시작하자 개화사상은 나라의 정책으로 이어졌습니다. 그리고 처음 우리나라와 조약을 맺은 나라는 바로 일본이었습니다. 그것이 우리나라가 외국과 맺은 첫 근대적 외교 조약이자 불평등 조약인 강화도조약(조일수호조약)입니다.

아픔을 머금은 꽃봉오리

　아버지의 크나큰 사랑을 받으며 아이는 무럭무럭 자랐다. 그러나 아무리 주고, 또 주어도 고종은 아이에게 더 큰 사랑을 주지 못해 안달이 난 것처럼 늘 조바심을 냈다. 그도 그럴 것이, 환갑이 되던 해에 얻은 유일한 딸아이였다. 암울하던 고종의 삶에 유일한 낙이요, 빛이기도 했다. 극진한 사랑을 줄 수밖에 없었다.

　아이가 다섯 살이 되던 1916년 봄, 고종은 하나뿐인 막내딸을 위해 근사한 선물을 마련했다. 궐 안에 황실 유치원을 설립하도록 명한 것이다.

"흐음, 여기서 놀다가 아이가 다치는 일이 없도록 난간을 설치하는 것이 좋겠구나."

"예, 전하. 그렇게 하겠습니다."

세심하고도 특별한 사랑이 아닐 수 없었다. 유치원은 덕수궁의 준명당 안에 설치되었고, 교구치 사다코와 장옥식이 보모로 위탁되었다. 복녕당 아기뿐만이 아니라 비슷한 또래의 동무들도 함께 교육을 받게 되었는데, 아이가 혼자서 외로울 것을 우려해 고종이 특별히 귀족의 딸들 예닐곱 명을 벗으로 삼도록 신경 쓴 것이다. 7~8세의 어린아이들이었으나 모두 복녕당 아기에게 존대를 하며 깍듯이 대하곤 했다.

"아기씨, 저랑 이거 가지고 놀아요!"

"아니야, 아기씨는 나랑 놀 거야!"

"헤헤, 다들 이리 오거라! 다 같이 의좋게 놀면 되지 않겠느냐!"

아이는 친구들과 어울려 즐거이 유치원에 다녔다.

고종은 함녕전부터 준명당까지의 아주 짧은 거리조차

금지옥엽 고명딸을 스스로 걷게 하는 법이 없었다. 고작 150미터 남짓한 거리도 아이는 꼭 가마를 타고 이동하도록 지시했다.

"아이 참, 아바마마! 저도 동무들처럼 걸어서 갈 수 있사옵니다."

"허허, 그러냐? 그러나 날씨가 무더워 땀이 맺히지 않겠느냐? 어서 가마에 오르도록 하자꾸나."

너무나 가까운 탓에 가마를 탄 뒤 몇 걸음도 채 걷기 전에 유치원에 도착하곤 했다. 어린아이는 자그마한 입술을 삐죽이며 앙탈을 부렸다.

"그것 보셔요. 이렇게 금방 오는 걸요? 걸어서도 충분히 올 수 있어요!"

"허허허, 우리 아지가 언제 이만큼 컸느냐? 이리 와 보거라!"

고종은 두 팔을 활짝 펼쳤다. 그러면 딸아이는 해맑은 얼굴을 하고서 종종걸음으로 드넓은 아비의 품에 쏙 안기는 것이었다. 세상에서 가장 넓은 곳, 세상에서 가장 안전한 곳, 세상에서 가장 따뜻한 곳… 아이에게는 고종의 품이 바로 그러했다.

사랑하는 여인을 잃고 나라마저 빼앗긴 허수아비 신세였으나, 딸을 품에 안고 있을 때만큼은 고종 역시 세상에서 가장 강한 사내이자 강한 아비가 되는 기분이 들어 이 여린 것이 으스러질 지경으로 거세게 끌어안곤 했다.

"으읍, 아바마마! 숨 막혀요!"

"아이쿠! 미안하구나, 아가. 자, 유치원에 늦게 생겼으니 어서 가 보거라."

"네, 아바마마, 다녀오겠사옵니다!"

치맛자락을 사뿐 들어 올리며 곱게 인사를 하고서 아이는 유치원 안으로 쏙 들어갔다.

"자, 오늘은 조선의 동요를 배워 볼까요?"

"네!"

오르간까지 갖추어진 유치원에서 복녕당 아기와 동무들은 조선과 일본의 동요와 춤을 배우며 놀았고, 이따금 날씨가 좋은 날이면 야트막한 동산에 올라 꽃과 나비 틈에서 뛰어 놀기도 했다. 고종의 낙은 오직 그런 천진한 아이들의 모습을 물끄러미 바라보는 것뿐이었다.

"아바마마! 저 여기 있어요!"

"허허허, 오냐, 오냐!"

나비처럼 팔랑팔랑 뛰어노는 아이에게 손을 흔들어 주는 고종의 얼굴은, 그러나 때때로 복잡한 것처럼 보였다. 세상에서 가장 사랑스러운 막내딸의 입적 문제가 아직 해

결되지 않았기 때문이다.

"저 아이를 어서 빨리 왕실로 입적시켜야 할 텐데…."

고종은 낮게 중얼거렸다. 하지만 쉬운 일이 아니었다. 한일합병 이후 일본의 지배 아래서 무엇 하나 마음대로 할 수 있는 것이 없었다. 고종은 더 이상 대한제국의 황제가 아닌, 일본 왕실의 일원으로 격하되어 있었기 때문이다. 고종의 가족은 '이태왕가첩적'이라는 족보에 정식으로 기재되어야 부인과 자녀로 인정받을 수 있었다. 그러나 일본 궁내성이 아이를 고종의 정식 딸로 인정해주지 않은 까닭에, 아이는 다섯 살이 넘도록 족보에 기재되지 못했던 것이다.

사실상 생모인 양 귀인은 귀족 출신도 아니요, 상궁 출신으로 신분이 높지 않았다. 일본은 그런 이유로 엄연한 고종의 친딸을 왕족으로 인정하지 않고 있었던 것이다. 한

편으로는 대한민국의 왕실을 일본에서 관리하고 나아가 '일본화'시키는 것이 그들의 목적이었는지도 모른다. 고종의 총애를 받는 막내딸이지만, 일본 입장에서는 왕족이 하나라도 더 늘어난다는 사실 때문에 썩 못마땅한 존재였던 것이다.

고종은 왕가를 관리하는 기관인 이왕직을 방문해 종종 핏대를 세웠다.

"내 딸이 어째서 아직까지 왕족으로 인정받지 못한다는 거요?"

"어찌 상궁의 딸을 왕가에 입적시킨다는 말씀이십니까?"

"뭐라? 엄연히 내 딸이거늘! 우리 아기에게는 아직 이름조차 없단 말이오!"

"데라우치 총독의 관할이라 더는 드릴 말씀이 없습니다."

사실상 이때까지만 해도 '덕혜'라는 이름조차 아이에게는 부여되지 않았다. 그저 복녕당 소생의 왕녀라는 뜻으로 '복녕당 아기씨'로 불렸던 것이다. 그러나 당시 조선총독이었던 데라우치 마사타케는 이런저런 핑계를 대며 이 문제를 피할 뿐이었다. 고종은 사랑스러운 아이를 보며 웃다가도 어느 순간 가슴 한구석이 먹먹해져 두 눈을 질끈 감아야 했다.

그러던 어느 날, 고종에게 기회가 찾아왔다. 절대 놓쳐서는 안 되는 절호의 기회. 데라우치 총독이 인사차 덕수궁을 방문한 것이다. 고종은 회심의 미소를 지었다.

"이 나이가 되도록 사는 것도 정말 만만치가 않더군요. 몸은 늙어가고, 골치 아픈 일은 도무지 줄어들지 않고…."

형식적인 인사인 듯 무심코 뱉은 말에 총독도 고개를 끄덕이며 먼 산을 바라보았다.

"아무래도 이 나이가 되면 그렇지요. 무엇보다 건강하고 활력이 넘치는 삶이 중요하건만…."

고종은 데라우치 앞에 놓인 빈 잔에 차를 한 잔 더 따르며 말했다.

"그래서 말입니다, 근래에는 궁내에 작은 유치원을 만들어 어린아이들의 천진한 모습을 보는 것을 이 늙은이의 위안으로 삼고 있답니다."

"오호, 그것 참 반가운 일이군요!"

데라우치는 차가웠던 표정에 미소를 머금으며 말을 이었다.

"모름지기 노인은 젊은 사람들과 어울리며 활력을 얻게 되죠. 몸은 늙었어도 어린아이와 같은 마음을 가지게 되니 말입니다.

"허허, 총독도 그렇게 생각하신다니, 그럼 오늘 한번 그 유치원에 가서 아이들을 보지 않으시겠소? 가뜩이나 정무가 복잡할 텐데 아이들의 재롱을 보며 잠시나마 쉬었다 가시지요."

"아, 저는…."

고종은 총독이 무어라 대답하기도 전에 먼저 일어나 몸소 데라우치를 인도하여 함녕전 바로 옆에 설치한 준명당으로 향했다. 유치원 교사 교구치는 두 사람을 위해 뜰에 의자 두 개를 준비해 드린 뒤 아이들을 불러 모았다. 어린

아이들은 군복 차림에 칼까지 찬 낯선 총독 앞에서 조금은 쭈뼛거리며 한 줄로 나란히 서서 인사했다.

"안녕하세요, 총독님!"

그 어린 것들 앞에서는 제아무리 무장 군인이더라도 스르르 녹을 수밖에 없었는지, 데라우치의 얼굴이 미소로 번졌다.

"자, 여러분! 우리 유치원에 오신 손님을 환영하는 의미로 다 함께 어제 배운 동요를 불러 볼까요?"

"네!"

아이들은 애교스러운 몸짓과 목소리로 일본의 동요 '하토폿포'를 불렀다. 그 모습을 본 데라우치는 영락없이 흥이 잔뜩 오른 할아버지가 되어 흐뭇한 웃음을 도무지 거두지 못했다. 박수를 치며 동요를 청해 듣고, 아이들을 한명 한명 쓰다듬으며 안아 올렸다.

"허허, 이런 아이들의 재롱을 매일같이 보시다니 정말 즐거우시겠습니다!"

"하하하, 정말 그렇소이다."

고종은 기뻐하는 데라우치를 눈여겨보다가 한 아이에게 손짓했다.

"아지야, 이리 오너라."

유달리 기품 있어 보이는 여자아이가 다람쥐처럼 쪼르르 달려와 고종과 총독 앞에 섰다. 아이의 머리를 부드럽게 쓰다듬으며 고종은 애틋한 목소리로 말했다.

"이 아이가 바로 내가 노년에 얻은 딸입니다. 이토록 사랑스럽고 애교가 많아 적적하던 덕수궁에 기쁨과 행복을 가져다주었지요. 아지야, 데라우치 총득님께 인사를 드리거라."

"안녕하세요, 데라우치 총독님."

얌전하게 경례를 하는 꼬마를 보고서야 데라우치는 아차 싶었다. 아이를 입적시키고자 하는 고종의 속내를 눈치챈 것이다. 더 이상 피할 길이 없었다. 데라우치는 생글생글 웃는 아이를 가만히 쓰다듬었다.

"정말이지 귀여운 소녀입니다. 이렇게 어린 자식이 있다는 것은 정말로 축복이 아닐 수가 없군요."

그날 이후, 고종의 속을 썩이던 입적 문제는 거짓말처럼 순조롭게 해결되었다. 고종의 딸은 비로소 정식으로 왕가의 족보에 이름을 올리게 되었고, 이태왕의 왕녀라는 사실이 일본 궁내성에 분명히 전달되었다.

덕혜옹주를 통해 본 한국사

일본은 어떻게 우리나라를 침략했을까요?

1876년 일본과 강화도조약을 맺은 이후 조선은 큰 혼란에 빠지고 말았습니다. 양반들은 개항과 쇄국을 외치며 싸웠고, 젊은 지식인과 농민들은 개혁을 외치며 들고 일어났습니다. 그리고 일본은 조선을 집어삼키려고 이빨을 드러내며 본격적으로 조선의 힘을 빼앗기 시작했습니다. 큰 변화가 시작되는 이 시기의 조선의 모습을 살펴보겠습니다.

조선의 첫 불평등 조약, 강화도조약

1875년 일본은 군함 운요호를 몰고 와 부산을 거쳐 남해안을 돌아 강화도까지 쳐들어와 함포를 쏘고, 섬에 상륙해서 주민들을 죽이고 달아났습니다. 그 와중에 조선에서 위협 사격을 한 것을 핑계로 조약을 맺지 않으면 보복 전쟁을 하겠다고 억지를 부렸습니다.

조선은 어쩔 수 없이 일본과의 조약을 맺었습니다. 하지만 이는 불평등한 조약이었습니다. 조선이 자주국으로서 일본과 평등한 권리를 갖는다는 조항이 있으나, 이는 청나라를 의식한 일본이 청의 간섭을 막기 위해 넣은 것이었습니다. 일본이 자유롭게 조선의 해안을 측량할 수 있다는 조항이나 일본인이 조선에서 범죄를 저질러도 조선 정부가 처벌할 수 없다는 조항, 일본의 상품에 관세를 붙이지 않는다는 조항은 모두 나라의 주권과 힘을 빼앗고, 우리나라를 침략하려는 속셈을 보여주는 내용이었지요.

일본이 이렇게 강하게 나온 이유는 이때가 흥선대원군이 고종과 왕비에 의해 왕을 대신하는 섭정 자리에서 물러난 직후였기 때문입니다. 일본은 나라의 문을 굳게 걸어 잠갔던 흥선대원군이 아닌 이제 막 왕이 되어 흥선대원군의 그늘에서 벗어나고 싶어 하는 고종과 왕비를 노렸던 것입니다. 당시 우리나라에서는 근대적 조약에 대한 이해가 부족했고, 무력을 앞세운 일본의 요구를 거절하기가 힘들었기 때문에 불평등 조약을 맺을 수밖에 없었던 것입니다. 실제로 강화도조약 이후로 우리나라는 미국을 비롯한 서양의 나라들과 연이어 불평등 조약을 맺어야 했습니다.

조선의 경제를 뒤흔든 일본

영국이 마약의 일종인 '아편'으로 청나라 사람들을 병들게 하면서 은을 빼돌리고 아편전쟁을 일으켜 홍콩을 빼앗았던 것처럼, 일본이 조선을 무너뜨린 진짜 무기는 바로 '쌀'이었습니다. 조선은 농업 국가였고, 쌀은 식량이자 화폐로 쓰이는 등 경제적으로 중요한 역할을 했습니다. 그래서 조선은 쌀을 외국으로 내보낼 생각이 전혀 없었지요. 하지만 일본은 조선에 사는 일본인에게 식량이 부족할 경우를 대비해 강화도조약에 "조선의 항구에 사는 일본인은 쌀과 잡곡을 수출입할 수 있다"는 조항을 넣자고 요구했고, 조선은 이를 의심 없이 받아들였습니다.

하지만 일본은 이 조항을 빌미로 조선에서 많은 곡물을 싼값에 사들이기 시작했습니다. 당시 일본은 빠른 산업화로 농사일을 하던 사람들이 공장에 몰리면서 많은 쌀이 필요했기 때문입니다. 일본에서 재배한 쌀은 서양에 비싼 값에 팔아 더 많은 이득을 남기기도 했지요. 또한 일본의 공장에서 생산된 제품들은 다시 조선에 팔렸고, 이는 조선의 수공업 경제를 몰락시키는 원인이 되기도 했습니다.

쌀을 빼앗긴 조선의 상황은 어땠을까요? 가장 먼저 벌어진 사건은 1882년(임오년)에 벌어진 임오군란입니다. 일본과의 교류로 우리나라에는 신식 무기와 근대식 군사 훈련을 받는 군대인 별기군이 창설되었습니다. 새로운 군대가 생기자 당연히 이전의 군대는 소속 군인의 수를 줄였을 뿐만 아니라, 대우도 형편없었습니다. 군인들은 급료를 쌀로 받았는데, 나라에 쌀이 부족해지자 그 양이 반으로 줄었을 뿐만 아니라 쌀에 겨와 모래를 섞어서 무게를 속이기까지 했지요. 이에 반발해 군인들이 반란을 일으킨 사건이 바로 임오군란이지요. 1894년에는 능민들도 들고 일어났습니다. 녹두장군 전봉준이 일으킨 동학농민운동으로, 이 역시 쌀값 폭등이 주요 원인이었습니다. 나라는 안팎으로 큰 혼란에 빠졌습니다.

그대, 나를 두고 가지 마오

"전하, 전하!"

"무슨 일이냐?"

1916년 8월 3일, 덕수궁에 소란이 일었다. 아이가 다섯 살이 되던 해였다. 신문을 받아든 고종의 얼굴이 하얗게 질렸다.

"이, 이게 대체…."

모두가 말을 잇지 못했다. 신문에는 대문짝만 한 글씨로 이렇게 쓰여 있었다.

「영친왕 이은, 일본 황족인 나시모토 마사코와 약혼」

참담했다. 참담한 소식이었다.

같은 시각, 일본 육군 사관학교 생도였던 이은 역시 자신도 모르고 있던 약혼 소식을 신문을 통해 접하고 화들짝 놀라고 있었다. 고종의 총애를 받던 엄 상궁의 아들 영친왕 이은은 복녕당 아기의 배다른 오라비였다. 1907년 고종이 퇴위하고 형인 순종이 즉위하자 고작 9세였던 이은은 황태자로 책봉되었다. 그리고 이듬해, 이은은 '유학'이라는 명목 하에 이토 히로부미와 함께 일본으로 떠나게 된다. 고종은 아직도 그날의 쓰라린 상처를 기억하기라도 하듯 눈을 꼭 감았다.

"아이고, 저 어린 것을 어찌 타국으로 혼자 보낸단 말입니까!"

"고정하시오, 엄 귀비. 이러다 병이라도 나면 어쩌려고 하오…."

"전하, 제발 우리 아이를 데려와 주시어요, 제발…, 흑흑…."

"하…."

어린 아들을 떠나보내야 했던 어미는 밤새 한없이 오열했다. 고종은 그저 자신의 무능력을 원망할 수밖에 없었다.

이은의 교육을 담당하던 이토 히로부미는, 영친왕이 매우 영민하니 일찌감치 신식 학문을 배워야 한다고 끊임없이 졸라댔다. 게다가 일본 황태자가 방한하였으니, 대한제국의 황태자 또한 일본을 방문하는 것이 마땅하다고 강력하게 주장했다. 고종은 이를 악물고 아들을 내어 주어야만 했던 것이다. 대한제국은 이를 엄연한 '납치'라 여겼다.

그로부터 6년이 지난 오늘, 신문을 통해서야 아들의 약혼 소식을 듣게 된 것이다. 게다가 일본 여자와의 약혼이라니? 대한제국의 황태자가? 아무리 망국이라 한들 이건 안 될 일이다. 안 될 노릇이었다. 몇 년 전 세상을 떠난 어미 엄 귀비가 이 소식을 들었다면 하늘에서마저 통탄스러워했으리라.

심지어 이은에게는 이미 대한제국에 결혼을 약속한 여인이 있었다. 명성황후의 먼 조카뻘인 민영돈의 딸 민갑완 역시 신문을 통해 자신의 약혼자 소식을 전해 들어야만 했다.

"이건 계략이다, 아주 교활한 계략…. 내 결코 가만두지 않으리!"

고종은 신문을 갈기갈기 찢으며 치를 떨었다. 대한제국 황실의 핏줄에 일본의 피를 섞으려는 일본 궁내성의 음모와 책략이 빚어낸 사건이었다. 게다가 약혼녀로 정해진 마사코는 아이를 가질 수 없다는 의사의 진단을 받았다는 소문이 파다했다. 대한제국 황실의 대를 아예 끊어 놓을 작정이었던 것이다. 대한제국 황실이나 혼인을 하는 당사자가 아닌, 이토 히로부미와 데라우치 마사타케 등 일본인 간부들에 의해 계획되고, 협의되고, 결정되고, 언론에 발표까지 되어 버렸다.

"내 아들이 일본인 아내라니, 이건 대한제국의 수치가 아닌가? 어찌 이런 일이 있을 수 있단 말이오?"

고종이 핏대를 세우며 목소리를 높여 보았지만 데라우치는 강경했다.

"일본 왕실의 족보에 올라 있는 왕족이 일본인과 결혼하는 것은 당연한 일이 아닙니까?"

"지금 그걸 말이라고…."

치밀어 오르는 화를 표출할 곳은 없었다. 억울하고 분하고 서러웠다. 그러나 일본 측에서 마음을 먹자 모든 것은 일사천리로 진행되었다.

대한제국 전체가 들끓기 시작했다. '납치'당했던 영친왕은 한순간에 '매국노' 취급을 당하게 되었다. 조국을 배반하고 일본 여인과 결혼한 이은을 민족의 역적으로 여기게 되었다.

"오늘부터 영친왕을 왕이라 높여 부르지 않겠다!"

"이은은 부모도 없고 나라도 없는 짐승 같은 놈이다!"

백성의 비난에도 고종은 침묵해야 했다. 할 수 있는 것이 없었다. 어차피 나라 잃은 죄인에게 입이라곤 없었다. 그저 죽은 듯이 살아야 했다. 아니, 거세게 발버둥을 쳐 봐도 그들 눈에 고종은 그저 죽은 시체와도 다름없었다.

'나도 이리 답답한데, 우리 은이는 어찌나 갑갑할꼬….'

순식간에 나라를 팔아먹은 짐승 취급을 받게 된 아들이 가여웠다. 자신은 힘들어도 괜찮았다. 이제껏 더 못난 꼴도 많이 보고 살았다. 하지만 자식들은, 자식들만은 지키고 싶었다.

"아바마마, 오라버니 일로 많이 속상하시지요…?"

어느덧 의젓한 소녀로 성장한 딸아이가 고종의 얼굴을

들여다보며 물었다. 물끄러미 아이를 바라보던 고종의 눈가가 촉촉이 젖어들었다. 아이가 자그마한 손으로 아비의 손을 어루만졌다. 고종은 아무 말도 하지 못하고 복녕당 아기를 품에 꼭 끌어안았다.

"아바마마, 수, 숨이 막히옵니다…."

그러나 아비는 아이를 놓기는커녕, 더 세게 안았다. 이 작은 것만은 아무에게도 뺏기지 않을 작정이었다.

'너만은 반드시 지켜 내리라!'

고종의 마음이 조급해졌다.

"김황진은 들라."

"예, 전하."

어느 달 밝은 밤, 고종은 총애하던 시종 김황진을 불렀다.

"뒤를 따르는 이가 없는지 확인했느냐?"

"예, 늦은 시각이라 아무도 없었습니다. 몇 번이나 확인했으니 마음을 놓으시옵소서."

일제의 감시가 나날이 심해져, 궁궐 안에서조차 고종은 마음 편히 속을 터놓을 수 없

는 상황이었다. 그럼에도 불구하고 고종은 반드시 김황진을 만나야만 했다. 그것도 매우 은밀하게.

"우리 아지만은 반드시 조선인과 혼인시킬 작정이네."

김황진의 눈이 커졌다.

"괘씸한 일본 놈들의 손아귀에서 더 이상 놀아나게 할 수는 없다. 아이와 혼인하기에 적당한 인물이 어디 없겠는가?"

고요하고 낮지만, 그 어느 때보다 더 힘 있고 살기를 띤 목소리였다. 김황진은 침을 꿀꺽 삼켰다.

"자네는 아들이 없지?"

"예, 송구하게도…. 허나 아기씨의 배필감으로 괜찮은 인물이 한 명 떠오릅니다, 전하. 제 조카인 김장한이라는 아이인데 나이에 비해 의젓하고 충직하여 저 역시도 눈여겨보고 있었사옵니다."

"오호, 그래? 그것 참 잘되었구나!"

그제야 고종의 얼굴에 보름달처럼 밝은 기운이 퍼졌다. 오늘 밤만은 모처럼 잠을 편히 잘 수 있을지도 모른다는 생각이 들었다. 그래, 내 딸만은, 우리 아지만은 반드시 이 땅에서 행복한 삶을 누리도록 해 줄 것이다. 고종은 날을 잡아 김황진의 조카를 은밀히 만나 보기로 약조했다.

그러나, 그날 궁에서 이 두 사람의 대화를 엿들은 것은 보름달만이 아니었던 모양이다.

"유배라니? 김황진이, 유배라니? 이게 무슨 소리냐?"

일제의 눈과 귀가 궁궐 구석구석에 존재했던 것이다. 친일파가 궁녀들을 매수했다는 소문도 나돌았다. 김황진은 다시는 덕수궁에 출입할 수 없는 신세가 되고 말았다. 달빛 아래서 나누었던 두 사람의 약조는 한순간에 물거품이 되고 말았고, 고종의 가슴에는 커다란 구멍이 뻥 뚫리고 말았다.

"아지야, 이를 어찌하면 좋을꼬…."

망연자실한 읊조림만이 함녕전을 떠돌았다.

그리고 바람과도 같은 시간이 흘러 1920년 4월 28일. 대한제국의 황태자이자, 엄연히 약혼녀가 있던 영친왕 이은은 일본의 강압적인 처세를 감당하지 못하고 결국 마사코와 결혼하고 만다.

그리고 다행인지 불행인지, 천추의 한이 될 만한 이 결혼식을 고종은 지켜보지 못했다. 결혼식을 치르기 1년 전인 1919년 1월, 고종이 향년 68세로 갑작스레 승하한 것이다.

"지, 지금 무슨 말을…."

유모에게 소식을 전해 들은 복녕당 아기는 커다란 눈을 몇 번 깜박이더니, 그대로 땅으로 곤두박질쳤다. 순식간의 일이었다.

"아기씨!"

유모의 품에 안긴 아이의 눈꺼풀이 파르르 떨렸다. 심장이 멎은 것처럼 숨을 쉴 수가 없었다. 호흡이 점차 가빠지고 정신이 혼미해졌다.

"아기씨! 제발 정신 좀 차려보세요! 아기씨… 흑흑….."

유모는 아이를 붙들고 눈물을 흘렸다. 이 어린 것이 얼마나 충격이 컸으면…. 한 나라의 왕녀였지만 이 순간만은 그저 아비를 잃은 가엾은 어린아이에 불과했다.

그러나 한참의 시간이 흐른 뒤 가까스로 정신을 차린 복녕당 아기의 눈에서는 뜨거운 눈물이 한 방울도 흐르지 않았다. 믿을 수 없었기 때문에, 아니, 결코 믿지 않을 작정이었기 때문에.

"그럴 리 없다. 분명 어제 저녁만 해도 건강하신 모습이셨는데, 그런데 어떻게…."

온몸이 사시나무 떨리듯이 떨렸다. 머리가 쪼개질 듯이 아파 왔다. 팔다리에 힘이 들어가지 않았다. 시야가 점점 흐려졌다. 문득, 아비의 모습이 기억나지 않았다. 언제나 자신을 꼭 안아 주던 그 듬직한 품이 이상하게 떠오르질 않았다. 이게 어찌된 일일까, 아이는 이 상황을 도무지 받아들일 수가 없었다.

"아기씨…. 아기씨…."

유모의 목소리가 메아리처럼 점차 멀어져만 갔다. 눈은 뜨고 있었지만, 아이의 눈빛은 칠흑처럼 어둡고 깊은 심연으로 잠기고 말았다.

덕혜옹주를 통해 본 한국사

조선의 왕비는
왜 일본에 의해 죽었을까요?

한 나라의 왕비가 다른 나라 사람의 손에 죽임을 당하고 그것도 모자라 시신을 훼손당하고 불태워진다는 건 상상하기 힘든 끔찍한 일이지만, 실제로 조선에서 일어난 비극적인 사건입니다. 바로 1895년(을미년) 추석을 며칠 지난 새벽에 일어난 일이었지요. 왜 이런 슬픈 사건이 일어났는지 알아보겠습니다.

청과 일본 사이에서 줄다리기

1873년 고종은 왕의 자리를 되찾았지만, 힘이 약해 흥선대원군의 부인과 명성황후의 가문인 민씨 세력에게 휘둘려야 했습니다. 나라는 흥선대원군을 중심으로 개항을 반대하는 위정척사파와 민씨 세력을 중심으로 한 개화파로 나뉘어 싸움이 끊이지 않았습니다.

임오군란 역시 흥선대원군이 다시 집권하기 위해 벌인 일이었지요. 물론 그 원인은 쌀에 있었지만 군란을 이용해 자신의 자리를 되찾으려고 했던 거죠. 난을 일으킨 군인들은 일본 공사관을 공격했고, 개화파의 중심인물인 명성황후를 붙잡으려고 했습니다. 그러자 민씨 세력은 이 싸움에 청을 끌어들였습니다. 이후로 청은 군대를 끌고 와서, 일본에 대항해 조선에 간섭하기 시작했습니다.

1884년(갑신년) 급진 개화파들이 일본의 힘을 빌려 일으킨 갑신정변에서도 민씨 세력은 청에게 도움을 요청했고, 이렇게 외세의 힘을 끌어들인 것이 나라의 힘을 약하게 만드는 원인이 되었지요. 다음 해에 일본과 청은 조선에 군대를 파병할 때는 서로 통보하고 동시에 철수한다는 내용의 텐진조약을 맺었습니다. 이로써 조선은 청과 일본이 힘을 겨루는 각축장이 되었습니다. 이 조약으로 두 나라는 언제든 조선에 군대를 파병할 수 있게 되었으니까요.

일본의 마지막 방해자였던 명성황후

민씨 정권은 1894년(갑오년) 동학농민운동 때도 청의 군대로 농민군을 진압하려고 했습니다. 청나라 군이 조선에 파병되자 당연히 일본도 군대를 보냈지요. 당황한 조선과 농민군은 화해를 하고 일본에게 군대를 물리라고 했으나, 일본은 오히려 경복궁을 공격하고 점령했습니다. 그리고 조선에는 조선의 개화파를 앞세워 개혁을 하도록 하고, 청에게는 전쟁을 선포했습니다. 우리나라에서 신분제도가 없어진 계기가 된 갑오개혁은 슬프게도 일본의 손에 의해 이루어졌습니다. 갑오개혁은 10년 전의 갑신정변과 동학농민운동의 주장을 따라 신분제도를 철폐해 양반의 특권과 과거제도를 없애고 근대식 학교 교육을 시작하는 계기가 되었습니다. 일본은 청과의 전쟁에서 이겨 조선의 지배권을 갖게 되었다고 생각했습니다.

하지만 장애물이 남아 있었습니다. 바로 명성황후를 비롯한 민씨 세력이었지요. 명성황후는 청일전쟁 전에는 청의 힘을 빌려 일본을 견제했으나 청이 패하자 다른 나라를 찾기 시작했습니다. 마침 러시아가 일본이 청일전쟁에서 이기고 청까지 집어삼키려는 욕심을 못마땅하게 여기고 있었습니다. 명성황후는 이를 눈치 채고 러시아와 손을 잡고 일본을 몰아내기로 결심했습니다.

이를 알아챈 일본은 1895년(을미년) 명성황후를 없애는 음모를 꾸미고, 결국 실행에 옮기고 말았습니다. 일본은 이 일을 흥선대원군이 한 일이라고 누명을 씌웠으나, 그때 궁에 있던 외국인과 살아남은 목격자들의 증언으로 일본의 짓임이 세상에 드러났습니다. 이제 일본을 방해하는 세력이 없어지자 조선은 일본의 땅이나 다름없게 되었습니다.

한편 명성황후가 일본의 손에 죽은 것이 알려지고 일본이 단발령을 내려 상투로 틀어 올린 머리카락을 자르려고 하자, 조선에는 일본에 대한 적개심으로 들끓었습니다. 유교 사상이 지배하던 조선에서는 부모가 낳아 준 머리카락을 자르는 건 큰 불효였기 때문입니다. 이로 인해 양반과 농민이 한마음으로 일본과 맞서 싸우자는 의병 활동을 일으켰습니다. 일본은 전국에서 일어난 항일 의병에 당황했습니다.

일본에게 붙잡혀 있던 고종은, 을미의병으로 일본이 당황한 틈을 타 몰래 궁을 벗어나 러시아 공사관으로 도망쳤습니다. 이를 아관파천이라고 하지요. 러시아와 손을 잡은 고종은 궁에서 일본 세력들을 몰아냈습니다. 이때 고종을 돕고 국민들에게 진실을 알리는 역할을 한 것이 바로 서

재필을 중심으로 한 독립협회와 그들이 창간한 신문인 《독립신문》이었습니다. 이로써 고종은 러시아 공사관을 도망친 지 1년이 지난 1897년에야 다시 경운궁(지금의 덕수궁)으로 돌아올 수 있었습니다.

이처럼 다른 나라에 의해 왕비가 살해당하고 왕이 궁을 버리고 도망친 슬프고도 부끄러운 사건은 조선이 기록하는 마지막 역사가 되었습니다.

벼랑 끝에 서서

"어떻게 이런 일이 있을 수 있단 말인가?"

"얼굴이 흙빛이었다며?"

"아냐, 몸이 보랏빛으로 퉁퉁 불어 있어서 염을 할 때 옷이 다 터질 지경이었다더군."

"세상에…. 그 식혜에 독을 넣은 거래?"

"금수만도 못한 일본 놈들이 커피에 독을 탔다지 뭐야?"

"찢어 죽여도 시원치 않은 놈들!"

슬픔과 동시에 해괴한 소문이 조선 방방곡곡을 휩쓸었다. 그만큼 고종의 서거는 갑작스러웠고, 충격적이었다. 이는 고종의 가족에게만 해당되는 것이 아니라 나라 전체가 발칵 뒤집힐 만한 사건이었다.

　일본은 고종의 사망 원인을 뇌일혈 혹은 심장마비라고 공표했다. 그러나 이를 믿는 사람은 아무도 없었다. 나흘 뒤로 예정되어 있던 아들 이은과 마사코의 결혼식은 1년이나 연기됐다. 특별히 알려진 눈에 띄는 질병도 없는 건강한 몸이었다. 이렇게 순식간에 생명이 꺼질 만큼 나약한 인간도 아니었다.

　을사늑약에 끝내 사인을 하지 않은 고종의 강직함이 일본의 심기를 건드린 지는 아마 꽤나 오래되었을 것이다. 그리고 때는 마침 파리에서 평화회의가 열리던 시기였다. 기회를 놓치지 않으려고 고종이 파리로 조선의 독립을 호소하는 밀사를 파견하려는 움직임을 보였기에, 어쩌면 일본은 호시탐탐 그의 목숨을 노리고 있었을지도 모른다.

　조선의 26대 왕이자, 대한제국의 1대 황제. 45년간 조선을 통치했으나 일본에게 모든 것을 빼앗긴 비운의 왕. 그는 이렇게 떠나서는 안 되는 사람이었다. 그런데 독이라니?

살해라니? 고종의 승하는 조선인의 피를 끓어오르게 만들었다. 나라를 잃은 망국의 군주는 아마 죽어서도 눈을 감지 못했을 것이다.

그리하여 1919년 3월 1일, 분노한 국민들은 태극기를 흔들며 목이 터져라 외쳤다.

"대한 독립 만세!"

"대한 독립 만세!"

"대한 독립 만세!"

고종의 허무한 서거를 결코 헛되지 않게 만든 이는 바로 조선인들이었다. 그의 죽음이 여성과 어린이, 노인에 이르기까지 온 민족이 하나가 되어 목청껏 조국의 독립을 위해 부르짖는 시발점이 되어준 것이다.

고종의 장례는 일본 왕족의 장례로 간소화하여 치러졌고, 먼저 떠난 명성황후 곁에 나란히 묻히게 되었다. 살아생전 그토록 그리워하던 민비를 기어이 만나게 된 것이다.

"아바마마, 편히 잠드소서…."

복녕당 아기는 봉분 앞에서 절을 올리며 나지막이 속삭

였다. 지금보다 훨씬 더 작고 어렸던 시절, 잠이 오지 않는다고 칭얼대면 늘 자신을 끌어안고 귓가에 어여쁜 말들을 속삭여주던 아비처럼 말이다.

 세상에서 가장 크고 든든하고 강하던 그 방패는 이제 세상에 없다. 망국의 왕녀로서 마땅히 감당해야 하는 모진 수모를 막아주던 바람막이도 더 이상 존재하지 않는다. 이제 아이는 고스란히 온몸으로 그 모든 풍파를 받아내야만 한다. 어린 소녀가 홀로 맞서기엔 너무도 강인한 적들이었

다. 두려웠다. 그러나 두려움조차 그녀에게는 허락되지 않았다. 한 나라의 왕녀로서 누구보다 굳건하게 서 있어야 했다. 그늘이 짙게 드리운 눈동자에 담긴 것은 슬픔이라기보다는 살기에 가까웠다.

궐 바깥은 태극기의 물결로 날마다 인산인해를 이루었다. 나라 전체가 왕을 잃은 슬픔의 곡소리와 독립을 염원하는 만세 소리로 가득했다. 만세를 부르는 민중을 탄압하는 일제의 총성도 종종 들려왔다. 무자비한 탄압이 계속되었지만, 백성의 몸부림은 멈추지 않았다. 아무리 밟아도 다시 발딱 일어났고, 아무리 입을 틀어막아도 절규에 가까운 외침을 막을 방도는 없었다.

그동안 잔뜩 억눌려 지내던 대한제국이, 조선이 제 목소리를 내자, 그들을 얕잡아 보던 일본은 움찔하는 듯했다. 저항이 점점 확산되고 거칠어지자, 일본은 어쩔 수 없이 그간의 강압적인 '무단 통치' 대신 '문화 통치'로 노선을 변경했다. 자칫 더 큰 저항 운동이 발발될 것을 염려한 처사였다.

'아바마마, 이 조선 땅을 보고 계시나요? 다들 저렇게 싸우고 있는데, 저만 이 궐 안에 머물러 있사옵니다. 저는 무얼 어떻게 해야 할까요? 아바마마는 정말 독살당하신 건가요? 앞으로 이 나라는, 이 민족은, 그리고 소녀는 어떻게 되는 것일까요…. 아바마마, 보고 싶습니다.'

밤하늘을 올려다보던 아이의 눈에서 마침내 뜨거운 눈물이 주르르 흘러내렸다. 고종 승하 이후로 제대로 울어 본 적조차 없는 아이였다. 믿기지 않는, 믿고 싶지 않은 현실을 애써 외면하며 참아온 눈물이었건만, 정작 따스했던 아비의 품을 떠올리니 얼어붙었던 눈물이 한꺼번에 쏟아졌다. 달무리가 낀 달처럼, 복녕당 아기의 머릿속도 뿌옇기만 했다.

"아지야…."

"아바마마?"

얼굴을 파묻고 흑흑 흐느끼던 아이가 고개를 번쩍 들었다. 분명 고종의 목소리였다. 반가운 마음에 벌떡 일어나 두리번거리기 시작했다.

"아바마마? 아바마마 맞지요? 어디 계셔요? 저 여기 있사옵니다!"

방 안을 둘러보던 복녕당 아기는 뜰로 뛰쳐나갔다. 맨발에 잠옷 차림이었다.

"아바마마? 아바마마!"

"에그머니나, 아기씨! 이게 무슨 일이에요?"

작은 소란에 유모가 깜짝 놀라 마찬가지의 맨발로 달려 나왔다. 아직 잠들지 않고 있던 궁인들 몇 명도 함녕전으로 부리나케 달려왔다.

"분명 아바마마였어, 아바마마가 오셨다고! 나를 보러 오신 게 틀림없어!"

"아기씨…. 흑흑, 이를 어쩌면 좋아…. 부디 마음을 다잡으셔야 합니다."

더 이상 세상에 없는 아비를 애타게 찾는 소녀를 보며, 유모도 나인들도 한마음으로 눈물을 흘릴 수밖에 없었다. 소식을 듣고 달려온 복녕당 아기의 어머니 양 귀인의 눈도 새빨갛게 충혈됐다.

"어쩌면 좋을꼬, 저 어린 것을 어찌하면 좋을꼬…."

너무나도 어리고 고운 꽃봉오리가 채 피지도 못한 채로 시들어 버릴까 양 귀인은 두려웠다. 고종에 이어 딸자식마저 잃을 순 없었다. 양 귀인은 피가 나도록 입술을 깨물었다. 마음을 단단히 먹고 딸의 얼굴을 붙들었다.

"정신을 차리거라!

"아바마마, 아바마마…."

"네 아비는 이제 세상에 없다! 똑똑히 기억해 두거라!"

그러자 별안간, 복녕당 아기의 눈빛이 매섭게 돌변했다.

"일본 놈들의 짓이지요? 저도 다 알고 있습니다."

고사리처럼 작고 여린 입술에서 무시무시한 말이 튀어나왔다. 양 귀인은 사색이 되었다.

"어, 어찌 그런 말을⋯."

보는 눈이 너무 많았다. 궐내에도 일제의 눈이 닿지 않는 곳이 없을 터였다. 양 귀인은 행여나 누군가 들을세라 재빠르게 딸아이의 입을 막았다.

"이 어미가 너를 그렇게 가르쳤더냐? 하늘에 계신 네 아비가 이런 너의 모습을 보고 예쁘다 하시겠느냐?"

길길이 날뛰며 고함을 치는 양 귀인의 모습에 아이는 문득 까무러지던 정신을 붙들었다. 두 눈에서는 또다시 뜨거운 물줄기가 여러 갈래로 흐르기 시작했다.

"아바마마가, 아바마마가 너무⋯ 보고 싶습니다⋯."

어미 새가 제 새끼를 품듯 양 귀인은 딸아이를 꼭 끌어안았다.

"안다, 네 맘 다 안다⋯. 내 새끼, 내 강아지⋯. 많이 힘들 것이다, 그럴 것이다⋯."

아이는 어미의 품에 꼭 안긴 채 펑펑 울었다.

그리고 그날 이후, 복녕당 아기는 입을 굳게 닫았다. 눈도, 귀도, 그리고 마음에도 무거운 빗장을 채워 버렸다. 생글생글 잘도 웃던 예쁜 소녀는 이제 더 이상 웃지 않게 되었다.

순종은 이 안타까운 이야기를 전해 듣자마자 가여운 여동생과 양 귀인을 자신이 거처하고 있는 창덕궁으로 옮기도록 했다. 이제 기댈 곳이 사라진 복녕당 아기를 더욱 가까이에서 돌보아 주려는, 아비를 대신한 오라비의 마음이었다. 나이 차이가 꽤 났기에, 순종은 여동생보다는 딸자식처럼 아이를 아끼고 사랑했다. 그러나 미소를 잃어버린 소녀의 마음까지 어루만질 수는 없었던 모양이다.

복녕당 아기는 쳇바퀴처럼 매일 똑같이 빙글빙글 돌아가는 일상을 살기 시작했다. 매일 아침 7시 30분이 되면 아이는 발딱 일어나 몸을 깨끗이 단장하고 오라비인 순종 내외에게 문안 인사를 드렸다. 아침식사를 한 뒤에는 공부를 했다. 점심을 먹고 나면 고종이 거처하던 효덕전으로 가서 아버지께 절을 올렸다. 해가 지기 전까지는 동무들과 시간을 보내기도 했다.

당시 아이의 나이는 만 8세에 불과했다. 그럼에도 불구하고 무척 규칙적이며 바르고 성실한 일과였다. 어디 하나 모난 구석이 없었고, 어느 하나 삐뚠 것이 없었다. 달빛 아래서 목 놓아 울던 그날과 같은 일은 다시는 일어나지 않았다. 시간이 지나면 다 잊힌다더니, 모든 것이 평안했고, 안정을 되찾아 가는 것처럼 보였다.

그러나 아이의 어머니만은 알고 있었다. 그저 하루하루 주어진 일과대로 몸을 움직이는 것일 뿐, 그 어떤 생의 의지나 의욕도 없다는 사실을. 호시탐탐 트집을 잡으려는 일본의 눈초리와, 고종이 남긴 혈육에 대한 조선인의 기대 모두가 아이를 벼랑 끝으로 내몰고 있다는 사실을.

덕혜옹주를 통해 본 한국사

3.1운동의 무기가 태극기였다고요?

우리나라를 지칭하는 대한민국이라는 나라 이름과 우리나라를 상징하는 태극기는 어떻게 만들어졌을까요? 대한민국이라는 이름은 13년의 짧은 역사를 지닌 나라, 대한제국에서 따온 이름입니다. 태극기는 조선 시대 말에 만들어졌지만 일제강점기 때 사용을 금지당해 나라의 독립을 상징하는 깃발이 된 아픈 역사를 가지고 있습니다. 지금은 당연하게 쓰고 있는 '대한민국'이라는 이름과 태극기가 어떻게 만들어졌고 어떻게 쓰였는지를 알아보면, 그 시대를 더 잘 이해할 수 있지 않을까요?

짧은 역사의 나라, 대한제국

고종은 나라 이름을 대한제국으로 바꾸며 개혁을 시도했습니다. 대한제국은 황제가 다스리는 나라라고 하여, 청과의 사대관계를 벗어나 독립된 나라임을 알렸습니다. 이어 대한제국은 일본과 러시아를 향해서도 우리나라에 간섭을 하지 말라는 뜻을 전했습니다.

그렇게 대한제국은 근대문물을 받아들이면서 발전을 이루는 듯 보였습니다. 하지만 여전히 이웃 나라의 그늘에서 벗어날 수 없었습니다.

1904년 일본이 우리나라를 두고 러시아와 전쟁을 일으킨 것입니다. 10년 전의 청일전쟁과 같은 일이 반복된 것이지요. 대한제국은 이때 중립선언을 했지만, 일본은 강제로 우리나라를 전쟁에 이용했고, 결국 일본이 전쟁에서 이기고 말았습니다.

　러일전쟁 이후 대한제국은 일본과 연이어 불평등한 조약을 맺으며 주권을 빼앗겼습니다. 1905년(을사년)에는 외교권을 박탈당하는 을사늑약을 맺었고, 일본은 한양에 우리나라를 대신해 외교 업무를 관리하는 통감부를 설치했습니다. 초대 통감으로 임명된 이토 히로부미는 대한제국의 정치와 행정까지 간섭하기 시작했습니다. 1907년 고종은 을사늑약이 무효라는 것을 세계에 알리려 했지만 실패하고 말았습니다. 당시의 제국들은 일본과 동맹을 맺고 있었기 때문에 일본의 편을 들었고, 이 일로 고종을 괘씸하게 여긴 일본은 강제로 순종에게 왕의 자리를 넘겨 버렸습니다. 결국 대한제국은 1910년(경술년) 나라의 주권을 뺏기는 한일합병조약을 맺으며, 역사 속으로 사라졌습니다. 이를 나라의 수치라는 의미로 '경술국치(庚戌國恥)'라고도 부릅니다.

　대한제국은 이렇게 13년 만에 무너지고 말았지만, 대한제국이 이루고자 했던 개혁의 의지는 독립을 기원하는 사람들의 마음속에 남아 있었습니다. 그리고 이후 대한제국에서 황제를 뜻하는 글자 '제' 대신 국민을 뜻하는 '민'을 넣어 '대한민국'이라는 나라의 이름이 탄생했습니다. 대한제국의 역사는 대한민국의 토대라는 점에서 그 가치가 큽니다.

　대한민국의 원년이 된 1919년 사람들은 독립과 함께 나라 이름을 외쳤고, 대한민국임시정부는 "대한민국은 민주공화제로 한다"는 내용의 〈대한민국임시헌장〉을 발표했습니다. 그리고 그때마다 사람들의 손에 들려 있던 것은 독립에 대한 간절한 마음을 알리는 표식이 된 대한민국의 상징, 태극기였습니다.

태극기와 3.1운동

태극기가 만들어진 것은 조선이 처음 외국과 근대적 조약을 맺으면서 나라를 상징하는 국기가 필요해졌기 때문입니다. 태극기의 모습이 나타난 것은 1882년 맺어진 미국과의 조약에서였습니다. 국기가 없었던 당시에 사신으로 참석했던 관리들에 의해 모양이 고안되었고, 1883년 태극기는 정식 국기로 제정되었습니다. 다만 그때는 흰색 바탕에 빨강과 파랑으로 나뉜 태극 문양, 4개의 검정색 괘라는 것만 정했을 뿐 지금의 모습과는 조금 달랐습니다.

하지만 태극기의 뜻만은 지금과 변함이 없었습니다. 흰색 바탕은 밝음과 순수, 평화를 사랑하는 민족성을 의미합니다. 태극 문양은 우주 만물의 근원인 음(파랑)과 양(빨강)의 조화를 뜻합니다. 그리고 4개의 괘는 왼쪽 위부터 X자를 그리는 순으로 하늘(건), 땅(곤), 물(감), 불(이)을 뜻합니다. 태극기는 우주의 이치와 민족의 이상을 나타내는 철학적인 상징입니다.

태극기가 활약한 것은 다름 아닌 일제강점기였습니다. 2018년 우리나라를 뜨겁게 달구었던 촛불 집회를 기억하나요? 그 당시의 태극기는 촛불과 같았습니다. 사람들의 마음을 표현해주는 상징이자, 우리나라를 되찾겠다는 의지를 보여주는 무기였지요. 일본은 당연히 태극기의 사용을 금지시켰지만, 국민들은 나라의 독립을 염원하는 간절한 마음을 담아 태극기를 흔들며 "대한 독립 만세!"를 외쳤습니다.

    태극기는 주로 만세 시위를 준비하는 학생들이 제작했지만 이외에도 여성 노동자, 기생, 농민, 청년 등 다양한 사람들이 만들었습니다. 3.1운동 이후에도 유관순을 비롯한 학생들은 자신의 고향으로 뿔뿔이 흩어져 전국 곳곳에 태극기 그리는 방법을 알렸습니다. 당시에는 태극기를 그리는 게 어려워 조금씩 다르게 만들어졌지만, 그 안에 깃든 마음만은 모두 같았습니다. 태극기는 우리나라 상징으로서 그 역할을 충분히 한 것입니다. 태극기가 지금의 모양으로 확정되어 대한민국의 정식 국기로 공포된 것은 광복이 지난 1949년이었습니다.

가면을 쓴 소녀

열 살이 되던 1921년 4월 1일, 아이는 히노데 소학교에 입학했다. 히노데 소학교는 일본인 자녀들이 주로 다니던 소학교로, 조선 사람은 상류층 몇 명에 불과했다. 이 또한 일본의 철저한 계획에 의한 것이었다.

수많은 일본인 틈에서 일본 중심의 과목을 배우는 것은 조선의 왕녀에겐 분명히 메스꺼운 일이었다. 그러나 아이는 한 번도 싫다는 소리를 내뱉지 않았다. 치마와 저고리를 벗고, 일본식 교복을 입은 채 묵묵히 수업을 들었다.

이즈음, 열 살이 되도록 그저 '복녕당 아기씨'로 불리던

아이에게 마침내 이름이 생겼다.

"복녕당 아기에게 '덕혜'라는 이름을 부여하겠노라!"

대한제국 황실의 끈질긴 요구와, 조선인들의 시선을 의식한 일본 궁내성이 '덕혜옹주'라는 정식 이름을 족보에 올린 것이다. 그러나 아이는 이 소식을 듣고도 그저 입꼬리를 한 번 살짝 올렸다 내렸을 뿐, 기뻐하는 기색이 없었다.

'아바마마, 저에게도 드디어 이름이 생겼어요. '덕혜'가 제 이름이라고 해요. 하지만 아바마마, 저는 이름 따위 없어도 괜찮습니다. 평생 '아지'라 불리어도 좋으니, 아바마마와 함께 행복하게 살고 싶습니다….'

다 싫었다. 이제야 이름이 생긴들 무엇이 그리 달라진단 말인가. 그리움과 원망을 억누르고, 참고, 견디며 덕혜는 그렇게 하루하루 간신히 살아내고 있었다. 다 놓고만 싶을 때가 한두 번이 아니었다. 다 포기하고 싶었다. 일본의 착한 애완견 행세는 이제 그만두고 싶었다. 하지만 그럴 수 없었다.

'나는 조선의, 이 대한제국의 왕녀니까. 나는 아바마마의 딸이니까.'

그렇게 버티는 삶을 지속하던 어느 날, 덕혜는 벼락과도 같은 이야기를 듣게 되었다.

"이, 일본이라니요? 지금 저더러 일본으로 가라고 하셨습니까?"

태어났을 때부터 고종의 금지옥엽 막내딸로 대한제국 황실뿐만 아니라 온 민중의 사랑과 관심을 독차지하던 덕혜옹주는, 조선인 모두의 딸이기도 했다. 작고 어린아이였지만 존재 자체가 희망이었고, 버팀목이었다. 이 말인 즉, 일본인에게는 영 못마땅한 눈엣가시였다는 뜻이 된다. 민중은 홀로 남은 가여운 덕혜의 얼굴을 보며 독살당한 고종을 떠올렸고, 이어 무참히 능욕당한 명성황후를 떠올리며 분노했다. 분노는 곧 독립의 의지로 이어졌다.

"저들의 눈앞에서 덕혜옹주를 반드시 제거해야 한다. 아이를 일본으로 보내도록 하라."

덕혜를 딸처럼 아끼던 순종은 가슴이 찢어지는 듯했다. 그러나 나약한 왕가는 아무런 해결책도 제시할 수 없을 만큼 무능력했다. 이미 이은이 일본으로 끌려간 뒤 어떤 삶을 살고 있는지 빤히 알고 있었다. 일본인은 '조센징'이라 손가락질했고, 조선인은 '쪽바리'라 손가락질했다. 대한제국의 황족이면서도 일본에서 일본인과 함께 일본인처럼 살고 있었다.

"덕혜야, 미안하다, 정말 미안하구나…."

"…."

"아바마마를 뵐 면목이 없다…."

덕혜는 여전히 아무 말도 하지 않았다. 울지도 않았다. 그러나 어찌나 세게 깨물었는지, 여린 아랫입술에 피가 맺혔다. 그 모습이 너무나 애처로워 순종은 눈물을 흘리고 말았다.

"어찌나 마음이 아프면 이 어린 것이 울지도 못하느냐. 내가 네 대신 울어주마, 우리 덕혜, 우리 아지야…."

오라비는 어린 여동생 앞에서 눈물을 감추지 않았다. 덕혜의 앞날을 예견하기라도 하는 듯, 깊은 탄식이 창덕궁을 가득 메웠다. 덕혜는 한참을 우두커니 서 있다가, 간신히 입을 열어 한마디를 떼었다.

"오라버니, 울지 마셔요. 저는 괜찮습니다."

아니, 괜찮지 않았다. 괜찮을 리가 없었다. 칭얼대고 투정부려도 좋을 소녀가 주위 사람들의 안위를 위해 애써 괜찮다고 말하고 있었다. 울지도 못하고 그저 가슴 속에서 쥐어 짠 목소리로, 나는 괜찮으니 나를 위해 울지 말라고 말하고 있었다.

그리고 마침내 1925년 3월 28일, 온 조선이 울면서 덕혜를 보내야 하는 날이 찾아왔다. 덕혜는 나비처럼 곱디고운 한복을 차려입었다. 머리도 곱게 땋아 댕기를 드리웠다. 선녀처럼 예뻤다.

그러나 예전의 반짝이던 소녀의 눈동자는 안개 낀 듯 뿌연 눈빛만 허공으로 흩어졌다. 밤새 울었는지 얼굴도 통통 부어 있었다.

"아기씨, 흑흑, 이렇게 고운 아기씨를…. 언제 또 뵐 수 있을는지, 아이고, 흑흑…"

핏덩이 시절부터 젖을 먹여 기른 아이를 떠나보내는 유모의 마음 또한 찢어졌다. 와락 아이를 끌어안으려다가, 혹여나 이 고운 매무새가 흩어질까 꾹 참고 있었다. 잠시 후면 도쿄로 향하는 열차를 타야 한다. 많은 이들이 덕혜를 보러 올 것이다. 고종의 딸, 조선의 왕녀를 배웅하는 자리이니 누구보다 곱고 예뻐야 한다.

그런데 그때, 어린 궁녀 하나가 보자기를 들고 들어와 유모에게 무어라 귀엣말을 전했다.

"뭐, 뭐라?"

유모는 받아 들고 있던 보자기를 툭 떨어뜨렸다. 보자기 안에는 연보라색 비단으로 지은 기모노가 들어 있었다. 조선의 왕녀를 일본인으로 만들 작정이었다. 모두가 보는 앞에서, 일본 사람의 옷을 입고, 일본으로 떠나도록 하려는 것이다.

"이, 이딴 걸 지금 우리 옹주마마께 입히라는 말이냐?"

"그, 그게…. 저, 저는 그저 분부를 받들어…."

아무것도 모르는 어린 궁녀는 노발대발하는 유모 앞에서 어쩔 줄 모르고 울먹였다. 가만히 창밖을 바라보던 덕혜가 나지막이 말했다.

"너는 이만 나가 보거라."

"예, 마마…. 흑흑…."

궁녀를 내보낸 옹주는 무심한 표정으로 기모노를 집어 들었다.

"이리 주세요, 유모. 저 어린 것이 무슨 잘못이 있겠습니까."

"마마! 하지만…."

"그저 옷일 뿐입니다. 까짓것 입으면 그만이지. 내 입어 드리리다."

"아이고…. 아기씨…."

유모는 통곡을 했다. 덕혜는 유모의 도움 없이 화려한 비단 기모노를 입었다. 함께 딸려온 코트도 일본식이었다. 스스로 땋은 머리와 댕기를 풀고, 하나로 단정하게 묶었다. 거울을 보며 덕혜는 모처럼 입꼬리를 올려 보았다. 예쁜 일본 소녀가 거울 속에서 생긋 웃고 있었다. 더 이상 이곳 덕수궁과는 어울리지 않았다. 덕혜는 떠나야 함을 직감했다.

"갈 시간이야, 유모."

"아기씨, 아기씨…. 이렇게는 못 보내요, 엉엉…."

유모는 마치 어린아이처럼 꺼이꺼이 울었다. 그러나 덕혜옹주는 울지 않았다. 오히려 미소를 짓고 있었다. 유모

변복동은 깊은 탄식을 내뱉었다. 아! 저것은 가면이다. 미소라는 가면으로 진심을 감추어 버린 것이다.

오전 10시, 덕혜옹주는 잔잔히 미소 띤 얼굴로 경성역에서 특별열차에 올랐다. 자신을 배웅하러 나온 많은 사람들을 향해 이따금 손을 흔들기도 하고, 고개를 숙여 목례하기도 하며, 조선의 왕실에 어울리는 성실한 작별에 임했다.

'안녕, 조선이여. 안녕, 대한제국이여….'

빙그레 웃는 가면 뒤로 온갖 설움과 아픔을 간직한 채, 그렇게 옹주는 덤덤하게 조선을 떠났다. 그러나 그 가면은 어디까지나 대한제국을 위한 것이었다. 걱정을 끼치지 않고자, 대한제국 황실의 품위를 잃지 않고자 애서 기품 있는 모습으로 작별한 것이다.

그리고 이틀 후 도쿄에 도착했을 때, 옹주는 더 이상 그럴 필요가 없음을 인지했다.

이은의 아내인 마사코, 즉 덕혜의 일본인 올케가 도쿄역으로 마중을 나와 있었다. 그런데 멀리서 덕혜를 발견한 마사코의 고개가 갸우뚱 움직였다. 지난번 조선을 방문했을

때 만난 순진하고 귀여운 모습은 찾아볼 수가 없었다. 길게 찢어진 커다란 눈망울에는 그저 슬픔이 깃들어 있을 뿐이었다.

"여기까지 오시느라 정말 고생했어요. 긴 기차와 배 여행으로 많이 고단하시죠?"

서툴지만 남편에게서 열심히 배운 조선어. 형식적인 인사가 아닌, 진심이 담긴 인사였다. 비록 일본인이었지만 마사코의 눈에조차 안쓰러워 자신도 모르게 건넨 다정한 말이었다.

조선의 왕녀임을 떠나, 아직 어리기만 한 소녀가 혈혈단신으로 모국을 떠나 타지로 온다는 것이, 그것도 지배를 받고 있는 나라의 강압에 의해 억지로 끌려오다시피 한 것이 안타까울 수밖에 없는 상황이었다. 그러나 마사코는 덕혜에게서 아무런 대답을 들을 수 없었다. 그저 기다란 속눈썹을 가만히 내리깔고 있을 뿐, 형식적인 미소 한 번 지어보이지 않았다.

"…"

아무리 다정히 굴어 봤자 덕혜에겐 마찬가지의 일본인일 뿐. 더 이상 안심시켜야 할 가족도, 조선인도 없는 이곳에서, 덕혜는 마침내 가면을 벗은 것이다.

조선의 마지막 왕녀 덕혜옹주

덕혜옹주를 통해 본 한국사

일제강점기에 우리나라는 어떤 억압을 받았을까요?

다른 나라의 지배를 받는다는 것은 어떤 일일까요? 우리가 이제까지 당연하게 사용해온 땅, 말, 심지어 이름까지 모두 빼앗기는 것을 뜻합니다. 게다가 일본은 우리나라 사람들이 저항하지 못하도록 조선을 위한 일이라는 좋은 말로 포장하며, 우리 것을 빼앗고 친일파를 이용해 사람들을 이간질시키는 전략을 사용하기도 했지요. 이번에는 일본이 어떻게 우리나라를 억압했는지에 대해서 알아보겠습니다.

조선을 빼앗을 기틀을 잡은 무단 통치

1910년 일본은 대한제국을 식민지로 통치하기 위해 경복궁 바로 앞에 조선총독부를 세웠습니다. 일본군의 대장이 조선을 다스리는 총독이 되었고, 일본군 헌병이 경찰 역할을 하면서 재판 없이도 사람들을 처벌할 수 있는 권한이 주어졌습니다. 학교에서는 칼을 찬 교사들이 일본어를 '국어'라고 가르치기도 했지요. 이렇게 힘을 이용해 강제로 사람들을 복종시키는 것을 무단 통치라고 합니다.

무단 통치 시기 일본은 우리나라 사람들을 굴복시키는 동시에 식민지를 통치하고 조선의 자원을 빼앗기 위한 작업들을 시작했습니다. 제일 먼저 토지를 꼼꼼히 조사했습니다. 일본이 조선에서 가장 원하는 것은 바로 식량이었기 때문입니다. 일본은 동양척식주식회사를 세워 나라의 토지를 빼앗고, 전국의 땅을 사들였습니다. 그리고 조선이 농업 의외의 다른 산업을 발전시키기 힘들도록 회사를 세울 때 조선총독부의 허가를 받아야 한다는 회사령을 만들기도 했습니다. 일본에게 조선은 식량을 조달하고 일본의 물건을 사줄 수 있는 정도만 발전하면 되는 곳이었기 때문입니다.

조선 사람들을 이간질시킨 문화 통치

이렇게 공포 정치를 하던 일본의 통치 방법이 변한 것은 3.1운동 때문이었습니다. 3.1운동은 윌슨 미국 대통령이 주장한 민족자결주의에 영향을 받았습니다. 민족자결주의란 모든 민족에게는 다른 민족의 간섭과 지배를 받지 않고 스스로 운명을 결정할 권리가 있다는 것입니다. 1차 세계대전이 끝난 후 전쟁에 참여한 나라들은 1919년 프랑스 파리에서 평화 조약을 맺었고, 민족자결주의를 포함한 14개 조항을 발표했습니다. 이때 많은 나라들이 독립을 했지만, 우리나라는 여기에 포함되지 않았기 때문에 스스로 독립운동을 펼치기로 한 것입니다. 하지만 일본은 3.1운동을 무력으로 진압했고, 이는 세계 여론의 거센 반발을 일으켰습니다. 자신들의 평화 조약을 깨트리는 일이었기 때문이지요. 그리고 일본은 조선의 독립 의지가 강해 힘으로 밀어붙여서는 오히려 반발이 거세진다는 것을 깨달았습니다.

일본은 헌병 경찰 제도를 없애고, 신문사를 설립할 수 있게 해서 언론의 자유를 보장하고, 조선의 농업을 발전시켜 잘 살 수 있도록 하겠다고 꼬드겼습니다. 하지만 독립 운동가들을 잡기 위한 고등 경찰 제도를 만들었고 그들의 수는 무단 통치 시기의 헌병 경찰보다 3배 이상 많았습니다. 신문 기사는 미리 내용을 검열하여 일본에 불리한 내용은 삭제하도록 했습니다. 일본이 농업을 발전시키겠다며 진행한 산미증식계획으로 생산된 쌀은 대부분 일본이 가져가 버려서 조선에는 오히려 쌀이 부족한 현상이 벌어졌지요.

더욱 큰 문제는 일본에 의해 설득당한 조선인 학자나 문학가, 종교인, 행정직 관리들에 의해 일본을 옹호하는 세력이 생겨난 것입니다. 조선 사람들을 이간질시키려는 일본의 음모가 성공한 것이지요.

민족의 뿌리를 지우려 했던 민족 말살 정책

1930년대 말 2차 세계대전이 시작되고 일본은 중국, 미국과 싸우며 식량뿐만 아니라 병사와 이들을 지원할 노동력이 필요해졌습니다. 일본은 수많은 조선 사람들을 전쟁터나 힘든 일터로 끌고 가기 시작했습니다. 그리고 조선이 자발적으로 일본을 지원하도록, 조선인이 스스로를 일본인이라고 생각하도록 만들어야 한다고 생각했습니다. 그렇게 일본은 민족 말살 정책을 실시했습니다.

일본은 이제 학교에서 조선어를 배울 수 없도록 했습니다. 그리고 일본 이름으로 바꾸도록 했고(창씨개명), 일본의 종교를 믿도록 신사 참배를 강요했습니다. 언어와 이름, 종교라는 정신적인 뿌리를 모두 빼앗은 것입니다. 35년 동안 이어진 일제강점기는 이렇게 하나하나 우리의 것을 빼앗기는 일의 연속이었습니다.

그리고
아무도 없었다

　이은과 마사코가 극진히 돌보려 노력했지만, 덕혜의 어지러운 마음을 달래기엔 역부족이었다. 옹주의 눈빛은 더 이상 빛나지 않았다. 얼굴은 핏기 없이 창백했고, 점차 수척해져만 갔다.
　그런 덕혜의 상태나 의사와는 아무 상관도 없이, 덕혜는 일본의 여자학습원에 입학하게 되었다.
　"옹주야, 여기가 네가 다니게 될 학습원이란다. 넓고 깨끗하니 아주 마음에 들 것이다."
　"…"

오라비 이은에게조차 덕혜는 반응하지 않았다. 좋으면 좋다, 싫으면 싫다, 슬프면 슬프다, 뭐든지 말을 해 주면 어떻게든 도와주고 싶었지만, 덕혜에게는 아무런 기대도, 바람도 없었다. 이은은 옹주가 이곳에 하루라도 빨리 적응하고 마음을 열어 주길 바랐다. 학교에서 수업을 받으며 동무도 만들면 조금이라도 낫지 않을까 싶은 생각도 있었다.

등교한 첫날, 덕혜의 학급에는 작은 소란이 있었다.

"대한제국의 왕녀이시다. 덕혜님과 사이좋게 잘 지내도록 해라."

선생님의 소개에 모두 흥미롭다는 표정으로 전학생을 들여다보았다. 저들끼리 수군거리는 무리도 있었다. 사람들의 시선 같은 건 사실 덕혜에게는 그리 신경 쓰이는 일은 아니었다. 조선에서도 언제나 주목받는 사람이었으니까. 그러나 이 나라에서의 수군거림은 한 나라의 왕녀를 대하는 애정과 존경이 담긴 시선이 아니었다. 덕혜는 아랫입술을 깨물며 선생님이 지정해 준 자리에 가서 앉았다.

"덕혜님, 안녕하세요?"

쉬는 시간이 되자 소녀 한 명이 말을 걸었다.

"저는 소마 유키카예요. 만나서 반가워요."

씩씩하게 악수를 청하는 유키카는 서글서글한 외모로 붙임성이 좋아 보였다. 하지만 덕혜는 누구에게도 경계심을 늦출 생각이 없었다.

"아, 네…."

"집은 어디예요? 일본에는 언제 온 거예요? 조선의 음식은 어떤 맛인가요?"

수다스러운 유키코의 천진난만한 질문이 쏟아졌다. 덕혜는 그 질문들에 일일이 대답하지 않았다. 말을 최대한 아끼고, 그저 옅은 미소를 짓거나 고개를 끄덕이며 소극적으로 반응했다. 그러면서도 자꾸만 슬퍼졌다.

'그래, 여기 있는 이들은 모두 나와 같은 열네 살의 소녀들이지. 집이 어디인지, 어떤 음식이 맛있는지를 궁금해 하는 그런 나이…. 헌데 나는, 나는….'

왈칵 눈물이 쏟아지려고 했다. 한 나라의, 그것도 잃어버린 나라의 왕녀로 산다는 것이 얼마나 무거운지, 한시도 긴장을 늦추지 못하는 삶이 얼마나 버거운지 이들은 모를 것이다.

덕혜는 자꾸만 말을 거는 유키카가 귀찮다는 듯 책상에 엎드려 버렸다.

'이 모든 게 다 일본 때문이다.'

나를, 내 나라를 이 지경으로 만든 일본에서, 일본인 여자아이 앞에서 눈물을 보이고 싶지 않았다. 이건 조선의 왕녀가 지켜야 하는 마지막 자존심 같은 거였다. 유키카는 조금 머쓱한 표정을 짓더니 이내 자기 자리로 돌아갔다.

학습원에서 덕혜는 외톨이를 자처했다. 누군가 말을 걸어와도 그저 단답형으로 대답했고, 형식적인 반응만을 보였다. 이따금 점심시간에 유키카가 함께 운동장에 나가서 놀자고 권했지만, 매번 거절하고 홀로 교실에 앉아 있었다.

'아바마마, 저는 지금 여기서 무엇을 하고 있는 것일까요…. 어머니는, 오라버니는 건강히 잘 계시는 거겠죠? 다들 그립습니다. 조선이 그립습니다…. 저는 언제쯤이면 어머니 곁으로 돌아갈 수 있을까요?'

까르르 웃으며 운동장을 노니는 교복 차림의 소녀들을 물끄러미 내려다보며 덕혜의 마음은 차갑게 식어만 갔다.

그런데 이듬해, 덕혜는 뜻하지 않게 조선 땅을 밟게 되었다. 오라비인 순종이 위독하다는 소식이 전해진 것이다.

이은 내외와 함께 창덕궁으로 돌아온 덕혜는 수척한 얼

굴로 병상에 누워 있는 순종을 보고 참아 왔던 눈물을 쏟아냈다.

"오라버니…, 이게 어찌 된 일이여요…. 흑흑…."

바싹 마르고 여윈 손이 덕혜의 얼굴을 어루만졌다.

"왔느냐, 덕혜야…."

"오라버니, 흑흑…."

서른여덟 살이나 차이가 나는 남매다. 남매보다는 부녀지간에 가까웠고, 실제로 고종 승하 이후 덕혜가 아버지처럼 의지한 사람이기도 했다. 순종도 비빌 언덕을 잃은 막내 여동생을 딸처럼 아끼고 사랑했다. 그렇기에 더 애틋했는지도 모른다.

덕혜는 한참을 순종의 손을 잡고 울었다. 해가 저물고 달이 떠오를 시간이 되도록 덕혜는 정성껏 순종을 간호했다.

"옹주마마, 시간이 늦었고 먼 여정이 고단하셨을 테니 방으로 가셔서 편히 주무시지요."

"저는 계속 오라버니 곁에 머물 테니 그렇게들 아세요."

"허나 마마…."

"오라버니마저 잃을 수는 없습니다…."

고단함이 역력한 얼굴이었지만, 그 목소리에서 느껴지는 분명한 의지를 꺾을 나인은 아무도 없었다. 옹주는 한시도 순종의 곁을 떠나지 않았고, 잠도 제대로 청하지 않았다. 그러나 덕혜의 안타까운 마음을 아는지 모르는지 순종은 갈수록 시름시름 말라만 갔다. 일본은 순종이 위독한 상황에서도 제대로 된 의사조차 보내주지 않았다. 덕혜의 마음은 찢어지는 것 같았다.

"아바마마, 도와주세요…. 오라버니를 제발 살려주세요…."

덕혜는 어머니와 함께 밤하늘에 뜬 보름달을 보며 간절히 기도를 올렸다. 그러나 하늘은 덕혜의 기도를 들어주지 않았다.

"미안하구나, 덕혜야…. 이런 세상에 너만 남기고 먼저 가서…."

"오라버니, 그게 무슨 당치도 않는 말씀이셔요? 어서 쾌유하셔서 덕혜랑 같이 나들이도 가시고, 맛난 것도 잡수셔

야죠. 흑흑, 오라버니, 제발 마음 단단히 잡수셔요…."
 순종은 애써 엷은 미소를 보일 뿐이었다. 남은 힘을 간신히 짜내어 덕혜의 뺨을 쓰다듬던 순종의 손이 이내 툭 하고 바닥으로 힘없이 떨어지고 말았다. 덕혜의 눈이 커졌다.

"오, 오라버니? 오라버니? 오라버니! 엉엉, 오라버니…."
"전하…!"
"아이고, 아이고…."

조선의 마지막 왕이었던 순종은 53세의 나이로 쓸쓸하게 생을 마감했다. 1926년 4월 25일의 일이었다. 온 나라가 슬픔에 잠겼다.

장례는 6월 10일에 치러졌다. 그런데 믿을 수 없는 일이 벌어졌다. 그토록 순종을 극진히 간호하던 덕혜옹주의 모습을 장례식장에서는 찾을 수 없었다. 일본이 덕혜옹주의 장례 참석을 불허한 것이다.

조선에서 순종의 장례가 치러지던 날, 덕혜는 일본의 학습원에서 수업을 듣고 있었다. 그러나 수업이 귀에 들어올 리 만무했다. 덕혜의 몸은 학습원에 있었으나, 그저 육신이었을 뿐 영혼은 조선을 향해 절규하고 있었다. 아무것도 이해할 수가 없었다. 왜 오라비의 장례식에조차 참석할 수 없는지, 그러고도 내가 옹주가 맞는지, 조선인으로 태어난 것이 이토록 원망스러워야 할 일인지….

덕혜는 모든 것을 원망하고 부정하며 하루하루 무의미한 삶을 지속했다. 친구도 사귀지 않았고, 학업에 열중하지도 않았다. 가뜩이나 홀로 외로웠던 생에 또 한 사람의 가족이 사라진 시점에, 옹주가 생에 흥미를 느낄 만한 일은 없었다.

그런데 그로부터 3년 뒤, 덕혜옹주는 완전히 혼자가 되고 만다. 어머니 양 귀인마저 세상을 뜨난 것이다. 일본에서 소식을 들은 덕혜는 그 자리에 맥없이 주저앉았다.

"아, 어머니… 저는 이제 어쩌면 좋아요…."

어머니의 장례를 위해 조선으로 돌아온 옹주는 이제 덕수궁이 낯설 지경이었다. 아무도 없었다. 아버지도, 오라버니도, 그리고 이제 어머니마저 덕혜의 곁에 없는 것이다. 눈물이 주르륵 흘렀다. 그런데 더욱 서러운 일이 생겼다.

"어머니가 돌아가셨는데, 상복을 벗으라니요…?"

덕혜가 장례식에 참석하려고 입은 검은색 상복을 가지고 일본 궁내성에서 트집을 잡은 것이다.

"양 귀인은 상궁이지 않소? 아무리 생모라 해도 일본

왕실에 소속된 옹주가 상궁의 빈소에서 예를 갖추는 것은 말이 되지 않습니다."

"하하, 정말 너무들 하시는군요…."

이제 눈물도 나지 않는다. 오히려 헛웃음이 났다. 그래, 마음대로들 해라. 언제는 너희가 우리를 사람 취급이나 했더냐. 덕혜는 조소를 흘리며 거칠게 상복을 벗고 옥빛의 천담복으로 갈아입었다.

그러나 낳아주시고 길러주신 하나뿐인 어머니의 빈소 앞에 선 옹주는, 결국 무너지듯 주저앉아 통곡했다. 조선의 옹주로 태어난 것 자체가 용서받지 못한 죄인 같았다.

"어머니, 용서하세요…. 이 못난 불효녀를 용서하세요…. 엉엉…."

보는 이들마저 저절로 눈물짓게 만드는 서럽고 애달픈 곡소리는 한동안 그칠 줄을 몰랐다.

덕혜옹주를 통해 본 한국사

우리나라 사람들은 나라를 되찾기 위해 어떤 일들을 했을까요?

유관순, 김구, 안중근, 윤봉길 등 우리는 나라를 되찾기 위해 일본과 싸웠던 많은 독립 운동가들을 알고 있습니다. 하지만 평범한 국민들도 독립을 위해 뭉치고 싸웠습니다. 3.1운동은 가장 대표적인 독립 운동입니다. 그 외에도 국민이 뜻을 모아 나라를 지키려고 했던 다양한 운동이 있었는데요. 이를 소개하겠습니다.

평화적인 독립 만세 운동

민족자결주의가 선언된 이후 1919년 2월 8일 일본 도쿄에서 유학생들은 독립 선언을 했습니다. 이를 시작으로 우리나라에서도 독립 운동을 준비했는데요. 그리고 마침내 조선인이 한목소리를 낸 날이 바로 고종의 장례식인 3월 1일이었습니다. 1926년의 6.10만세운동 역시 순종의 장례식에 맞추어 일으켰습니다. 자연스럽게 사람들이 많이 모이는 날을 독립 운동의 날로 정한 것이지요. 이렇게 많은 사람이 모야 한목소리를 내는 평화적인 시위는 이후 우리나라 역사에서 끊임없이 이어졌습니다.

두 만세 운동의 공통점은 한 가지가 더 있습니다. 바로 학생들이 많이 참여했다는 점입니다. 특히 1929년에 일어난 광주학생항일운동은 학생을 중심으로 일어난 독립 운동이었지요. 나주에서 일본 학생이 조선의 여학생을 놀리자 이에 분노한 한국 학생과 싸움이 벌어졌는데요. 이때 일본 경찰은 한국 학생들만을 처벌했습니다. 이 사건을 시작으로 학생들은 수업을 거부하고 광장으로 나가 시위를 벌였고, 이는 전국적인 항일 운동으로 커졌습니다.

이처럼 학생들이 독립 시위에 적극적으로 참여할 수 있었던 것은, 근대 교육을 받아 시대 상황을 깨닫고, 일본으로부터의 차별과 강압을 직접 경험했기 때문이었습니다. 일본이 식민 정책에서 중요하게 여겼던 것도, 독립 운동가들이 나라를 되찾기 위해 중요하게 여겼던 것도 교육이었던 이유를 독립 운동을 통해서 이해할 수 있을 것입니다.

경제적인 힘을 되찾으려 했던 물산장려운동

1995년 IMF 금융위기 시절 전 국민이 금을 모아 나라의 빚을 갚으려고 했던 일을 알고 있나요? 일제강점기 전후에도 비슷한 일이 있었는데요. 먼저 1907년 대구에서 시작된 국채보상운동이 있습니다.

일본은 청일전쟁이 일어난 1894년부터 조선의 경제적인 힘을 약화시키기 위해 일부러 돈을 빌려주고 빚을 떠안게 했습니다. 큰돈을 빌려줬다는 핑계로 나라의 일에 간섭을 하기 위해서였습니다. 그렇게 조금씩 빌리던 것이 1300만 원이라는 큰돈이 되었습니다. 이는 대한제국을 파산시키기에 충분한 금액이었기에 국민이 '힘을 모아 나라의 빚을 갚자는 움직임이 일어났습니다. 이를 국채보상운동이라고 하며, 출판인 김광제와 서상돈은 《대한매일신보》에 "2000만 인민이 3개월 동안 담배를 피우지 않고, 그 돈으로 나라의 빚을 갚아 국가의 위기를 구하자"고 제창했습니다. 국채보상운동은 곧 전국으로 퍼졌습니다. 고종이나 관료들을 비롯해 상인과 지식인이 동참했고, 심지어 많은 돈을 벌지 못하는 사람들까지 담배를 끊고, 집에 몇 없는 장신구들을 팔아 돈을 모았습니다. 하지만 안타깝게도 일본의 방해로 성공하지 못했습니다.

그럼에도 이러한 정신은 일제강점기에도 이어졌습니다. 3.1운동 이후로 일본이 문화 통치로 태도를 바꾸면서, 조선인이 회사를 세우지 못하게 막았던 회사령을 없앴습니다. 우리나라 시장에는 일본에서 만든 상품들이 장악하고 있었기 때문에 자신이 있었던 것이지요. 우리나라 사람들이 만든 회사가 생겨나면서 국산품을 사용해 경제적인 힘을 기르자는 운동도 함께 일어났습니다. 이를 물산장려운동이라고 부르며 전국적으로 퍼졌지만, 일본의 탄압으로 오래 이어지지는 못했습니다.

두 번의 경제 독립 운동이 큰 효과를 보지는 못했지만, 사람들의 마음속에 경제적 자립의 중요성을 알렸다는 점과 국민이 함께 참여한 독립 운동이라는 점에서 큰 의미를 갖고 있습니다.

일본을 떠도는 조선의 유령

　어마어마한 사랑과 관심을 받으며 자라던 해맑은 소녀가 한순간에 천애고아가 되었다. 덕혜옹주는 조선인들로 하여금 측은지심을 가지게 하기 충분했다. 그랬기에 옹주는 여전히 일본의 눈엣가시였다. 궁내성은 아주 잠시라도 옹주가 조선에 머무는 것을 허락하지 않았다.
　그리하여 어머니의 장례식을 마치고 고작 이틀 후, 덕혜는 곧장 일본행 열차를 타야만 했다. 어머니와의 추억을 돌이키거나 회상할 시간조차 없이 쫓겨나다시피 일본으로 돌아온 것이다. 이제 고작 열일곱 살, 사춘기 소녀가 받아들이기엔 모든 것이 너무나도 잔인한 처사였다.

"덕혜님, 잘 다녀왔나요? 어머니 이야기 들었어요. 많이 속상하시죠…?"

유키카가 학교로 돌아온 덕혜를 보며 조심스레 위로를 건넸다. 순식간에 덕혜의 눈에 눈물이 핑 돌았다. 애써 참았는데, 애써 삭혔는데, '어머니'라는 단어 하나에 반응하는 어쩔 수 없는 어린아이였다.

"아차, 너무 속이 상해서 아무 말도 하기 싫을 텐데, 내가 귀찮게 굴었지요? 수업 시작할 때까지 조금 쉬고 있어요. 미안하…."

"고마워요."

"에?"

유키카는 귀를 의심했다. 애초에 기대도 없이 건넨 인사였는데, 뜻밖의 대답이 돌아왔기 때문이다.

"늘 신경 써 주어서 고맙게 생각해요. 친구가 되어 주어서 고마워요."

이제 기댈 곳 하나 없는 덕혜가, 유키카에게만은 조금씩 마음을 열 준비를 하고 있었다. 그러나 이 또한 오래가지 못했다.

어느 날, 유키카는 여느 때처럼 덕혜와 대화를 나누고 있었다. 더 정확히 말하면 유키카가 주로 재잘대는 편이고, 덕혜는 고개를 두어 번 끄덕이는 정도였다.

"그나저나 조선에서는 독립 운동을 하고 있다면서요? 덕혜님은 조선의 왕녀인데 아무것도 하지 않나요?"

아무런 생각 없이 튀어나온 말이었다. 그러나 유키카는 말을 하자마자 아차 싶었다. 덕혜의 얼굴이 백짓장처럼 하얗게 변한 것이다.

"나, 난…."

말까지 더듬는 덕혜를 보며 유키카는 자신이 실수했음을 깨달았다. 덕혜의 눈동자가 불안정하게 움직이고 있었다. 사색이 되었던 덕혜의 얼굴은 곧 시뻘겋게 달아올랐다. 유키카는 얼른 말을 돌렸다.

"아참, 덕혜님! 오늘 점심 먹은 다음에 운동장에서 도모에갓센 놀이 하지 않을래요?"

"…."

"덕혜님…. 미안해요, 제가 말실수를….'"

"으응…. 난 괜찮아요, 그냥 교실에 있을게요…."

유키카가 자리로 돌아간 뒤에도 덕혜는 진정이 되지 않았다. 온종일 아무것도 손에 잡히지 않았다. 마음이 복잡했다.

모두가 빼앗긴 나라를 되찾으려 목숨을 걸고 만세를 부르고 있는데, 나는 여기서 무얼 하고 있는 것인가, 게다가 조선의 왕녀가! 조선을 이은 대한제국의 황실은 무력했다. 그것이 진실이었다. 아무것도 하지 않았다. 할 수 없었다는 건 평계일지도 모른다.

그러나 더 절망적인 일은 잠시 후에 일어났다. 잠시 화장실에 가려던 덕혜는 낯익은 목소리가 들려 복도에 멈춰 섰다. 교관실에서 유키카가 혼이 나고 있었다.

"앞으로 덕혜님 앞에서 그런 쓸데없는 이야기를 꺼냈다간 혼이 날 줄 알거라!"

문을 등지고 선 유키카의 어깨가 들썩이고 있었다. 눈물을 흘리는 것 같았다. 덕혜에게 독립 운동에 관한 이야기를 했다고 교관실로 불려가 혼쭐이 나고 있는 것이다. 덕혜는 유키카에 대한 미안함이나 안타까움보다 더 큰 충격으로 온몸에 소름이 돋았다.

'누군가 나를 감시하고 있구나!'

덕혜와 유키카가 조용히 나눈 대화를 누군가 엿들었고, 그것이 교관실에게까지 전달된 것이다. 사방이 적이었다. 불현듯, 덕수궁 안에도 일본인의 눈과 귀가 있으니 언제나 언행을 조심하라고 신신당부하던 어머니의 말이 떠올랐다. 숨이 턱 막혔다. 갑자기 학교 안에 있는 모든 사람들이 자신을 노려보고 있는 것처럼 느껴졌다.

그날 이후, 덕혜는 보온병에 물을 담아서 가지고 다니기 시작했다. 매일 무거운 보온병을 여러 개씩 들고 다니는 덕혜에게 유키카가 물었다.

"덕혜님, 물이라면 여기 학교에도 얼마든지 있는데 왜 그렇게 매번 보온병에 담아 오는 거예요?"

덕혜는 싸늘하게 대답했다.

"독살을 피하려고."

그랬다. 누군가 물에 독을 탈 것이 불안해서 그렇게 수많은 보온병에 병적으로 집착하게 된 것이었다. 유키카는 무시무시한 대답에 한 차례 놀라고, 덕혜의 차가운 표정에 한 번 더 놀랐다. 덕혜는 유키카와도 더 이상 우정을 나누지 않았다.

'여기는 일본이다. 아바마마처럼 독살당하지 않으려면 정신을 바짝 차려야 해.'

덕혜는 마음에 자물쇠를 단단히 채우고 열쇠는 자신조차 찾지 못할 만큼 머나먼 어딘가로 휙 던져 버렸다. 아무도 그 마음에 들어갈 수 없도록.

이후 덕혜는 극도로 날카로워져 갔다. 복도를 걷다가 실수로 동급생이 어깨를 부딪치기라도 하면 "날 죽일 작정이지?"라며 비명을 질렀고, 자기들끼리 재미있는 이야기를 나누며 웃고 있는 소녀들에게는 "지금 내 이야기를 하는 중인가? 내 꼴이 그렇게 우스운가?"라며 눈에 불을 켜고 호통을 쳤다.

'모두가 날 죽이려고 한다!'

덕혜는 극심한 공포에 휩싸여 하루하루를 살았다. 아무도 만나고 싶지 않았고, 아무것도 먹고 싶지 않았다. 학교에도 가기 싫었다.

"덕혜야, 학교는 가지 않더라도 밥은 먹어야지. 응? 이리 좀 나와 보렴."

오라버니가 아무리 방문을 두드려도 덕혜는 꼼짝도 하지 않았다. 마음에 자물쇠를 단단히 잠그면서, 자신도 그 안으로 쏙 들어가 버린 모양이었다.

"요즘은 밤에 잠도 제대로 이루지 못하시던데…."

마사코도 걱정스레 말했다. 이해가 되지 않는 것도 아니었다. 저 어린 것이, 나라를 잃은 슬픔을 채 이해하기도 전에 부모와 아끼는 사람들을 모두 잃고 홀로 남아 얼마나 힘들까. 나고 자란 고향에조차 마음대로 발을 붙일 수 없는 저 처지란 얼마나 안타까운가.

그러나 옹주를 위해 할 수 있는 것이 없었다. 마사코는 한숨을 푹 내쉬었다.

그리고 그날 밤, 이은 내외가 잠을 청하려는데 누군가 거칠게 방문을 두드렸다. 잠옷 바람으로 나가 보니 가정부가 헉헉 숨을 몰아쉬고 있었다.

"덕혜님이 방에 안 계셔요. 집 안을 다 뒤졌는데 도무지 보이질 않네요…."

부부는 화들짝 놀라 가정부들과 함께 집 안 구석구석을 뒤지기 시작했다.

"덕혜야! 어디 있느냐? 대답 좀 해 보거라!"

"경찰에 신고를 해야 하는 게 아닐까요?"

"분명 방으로 들어가시는 걸 제 눈으로 똑똑히 보았는데…."

"어, 잠깐! 저기 밖에…!"

이은의 손가락이 가리킨 곳은 창문 너머 정원이었다. 잠옷 차림의 자그마한 소녀가 나비처럼 팔랑팔랑 뜰을 뛰어다니고 있었다. 어두컴컴한 밤, 오직 달빛만이 빛나는 고요한 뜰에 흰 옷을 입고 서 있는 아이의 모습은 어딘가 오싹할 정도였다.

서둘러 덕혜를 데리고 저택으로 돌아왔다.

"이거 놔, 놓으라고! 엉엉… 아바마마, 살려주세요!"

덕혜는 울부짖고 있었다. 맨발은 흙투성이였고, 종아리는 여기저기 풀과 나뭇가지에 긁혀 피가 맺혀 있었다. 제정신이 아니었다. 제정신으로는 버틸 수 없는 상황인 것만은 확실했다.

이은은 여동생을 끌어안고 한참 동안 아이가 잠잠해지길 기다렸다. 흐느낌이 서서히 줄어들고 몸에서 긴장이 풀리는 것이 느껴지자, 그제야 덕혜를 침대에 눕히고 방으로 돌아왔다.

"좀 진정이 되었어요?"

마사코가 여태껏 자지 않고 남편을 기다리고 있었다. 이은은 한숨을 쉬며 말했다.

"아무래도 내일은 의사에게 보이는 편이 낫겠어요."

오랫동안 망설이던 이은도 마침내 결단을 내린 것이다. 아닐 거라고, 그럴 리 없다고 차일피일 미뤄 왔지만 더 이상은 그럴 여유가 없었다.

그리고 이튿날, 왕진을 온 정신과 의사에게서 이은 내외는 충격적인 이야기를 전해 듣게 되었다.

"조발성 치매증입니다."

정신분열증이었다. 어린 시절에 발병해서 지속적으로 증상이 심해져 결국은 노인이 걸리는 치매와 같은 형태로 남게 된다. 쉽게 말하면, 덕혜는 미쳐 가고 있다는 뜻이었다. 마음에 병이 난 것이다.

"어떻게 이런 일이…."

마사코는 입을 틀어막고 한동안 말을 잇지 못하였다. 이은 역시 참담한 표정이었다. 채 피어나지도 못한 꽃다운 소녀가 정신을 놓아 버리다니…. 안타깝다는 말로는 채 표현이 되지 않았다.

자신의 의지와 아무 상관없이 강압에 의해 끌려다니며 버티던 삶을 지속하기엔 덕혜의 영혼이 너무 맑았을지도 모른다. 투명한 유리구슬에 마침내 금이 가고 만 것이다.

덕혜옹주를 통해 본 한국사

일본군 위안부 할머니들은
사과를 받을 수 있을까요?

덕혜옹주는 원하지 않았지만 일본으로 끌려가 생활해야 했습니다. 그리고 덕혜옹주처럼 억압된 상황 속에서 일본의 전쟁터와 가장 힘든 일터로 끌려간 사람들이 있었습니다. 그들은 강제 징병·징용 피해자, 소년병, 일본군 위안부 등 여러 이름으로 불립니다. 이들의 가슴 아픈 역사를 알아봅시다.

일본의 전쟁에 희생된 사람들

일본이 조선을 식민지로 삼은 이유 중 하나는, 대륙으로 진출할 때 거점으로 삼기 위해서였습니다. 특히 덩치가 큰 중국, 러시아와 싸우려면 바다 건너 일본은 너무 멀었지요. 그래서 군대를 정비할 땅이자 식량과 노동력을 제공받을 식민지가 필요했습니다. 조선은 그에 안성맞춤인 곳이었습니다.

2차 세계대전 당시 일본은 중국을 비롯한 여러 지역에서 전쟁을 벌였기 때문에 군인과 지원 물자가 턱없이 모자랐습니다. 그래서 조선 사람들을 군에 징집하기 시작했습니다. 청년은 물론이고 학생과 여자들도 데려

갔습니다. 이렇게 1930년대 말부터 광복이 이뤄진 1945년까지 일본군에 관련하여 강제 징병이나 징용으로 끌려간 사람은 650만 명 이상이라고 합니다.

　일본은 처음엔 스스로 지원한 사람들을 데려갔으나, 전쟁이 길어질수록 모집 인원을 정해 강제적으로 사람들을 끌고 갔습니다. 자발적으로 지원한 경우는 대부분 농민들이었습니다. 그들은 땅을 빼앗기고 소작농으로 힘든 삶을 살고 있었기 때문에, 일본은 남아 있는 그들의 가족에게 지원해주겠다며 꼬드긴 것이었지요. 나중에는 강제 징병이나 징용을 거부하면 처벌하기도 했고, 납치를 해서 끌고 가기도 했습니다.

　그들은 어디로 끌려갔을까요? 군에 소속되어 전쟁터로 간 사람들도 있었지만, 그 외에도 탄광이나 건설 현장, 공장 등 힘들고 위험한 곳에서 갇힌 채 오랜 시간 일해야 했습니다. 가장 잘 알려진 곳이 영화로도 만들어진 군함도입니다. 군함도는 석탄을 채굴하던 탄광으로 800여 명의 조선인이 강제 징용되어 하루 12시간씩 일을 했다고 합니다. 그곳에서 죽어간 사람은 공식적으로 134명이나, 실제로는 그보다 더 많다고 여겨지지요. 조선인들의 피와 땀이 묻힌 그곳은 현재 메이지 산업혁명 유산으로 유네스코 세계문화유산에 등재되어 있습니다. 일본은 군함도의 역사를 밝히기로 약속했지만 이를 지키지 않았습니다.

　이 외에도 일본의 전쟁터로 끌려간 조선인들은 토목 작업이나 운전, 탄약 운반 등을 맡거나 포로 감시원을 맡기도 했습니다. 여자들은 전쟁터에서 간호 보조나 허드렛일을 맡았는데, 그중에서도 일본군 '위안부'라 하여 군인의 성 노예 생활을 시키기도 했습니다. 전쟁에 패한 일본은 이들을 전쟁터에 내버려두거나 증거를 없애기 위해 학살을 하기도 했습니다. 남겨진 조선인들은 일본을 도운 전범(전쟁 범죄자)으로 그 나라에서 처벌을 받는 경우마저 있었지요. 조선으로 돌아온 사람들조차 일본에 협력한 매국노라며 국내에서 차별을 당하는 등 아픔 속에서 살아야 했습니다.

일본의 면죄부가 된 한일기본조약

1965년 한국과 일본은 외교 관계를 맺는 데에 대한 기본적인 조약을 맺었습니다. 이를 한일기본조약이라고 하지요. 여기서 지금 문제시되는 것이 바로 조약에 딸린 〈한·일 재산 및 청구권문제 해결과 경제협력에 관한 결정〉입니다. 이를 통해 한국 정부는 일본으로부터 3억 달러의 자금을 받고 2억 달러를 빌렸습니다. 사실 한국 정부가 일본과 조약을 맺은 이유가 바로 이것이었습니다. 당시 박정희의 군사 정권은 경제 개발을 위한 자금이 부족했고, 이를 청구권 자금을 통해 메우려 했습니다. 여기에 소련과 대립을 하고 있었던 미국 역시 한국과 일본이 강력한 방어선 역할을 할 수 있도록 발전하길 원했습니다. 일본은 경제가 급속도로 발달해 호황을 누리고 있던 때였으므로 해외시장이 필요했지요. 이렇게 세 나라의 이해가 합쳐져 체결된 조약 이후 한국과 일본은 서로 영사를 파견하고 무역을 다시 시작했습니다.

이후 이 청구권 협정에 관해 논란이 생겼습니다. 이는 정부 간의 협정일 뿐이고, 실제로 피해를 입은 강제 징용, 일본군 위안부 등의 전쟁 피해자 개인에 대한 보상은 아니기 때문입니다. 실제로 강제 징용 피해자들은 1997년부터 일본과 한국의 법원을 통해 일본 기업에게 끊임없이 소송을 제기했지만 계속 패소를 하고 말았지요. 2018년 한국의 대법원은 개인의 청구권을 인정한다며, 1인당 1억 원씩 배상하라고 최종 판결을 내렸습니다. 하지만 이에 대해 일본은 2019년 한국에 수출하는 몇몇 물품의 수출 규제라는 보복 조치를 취했고, 한국에서는 일본 제품 불매 운동으로 이어지기도 했습니다.

일본은 1990년대에 당시 고노 관방장관과 무라야마 총리 등이 식민 지배와 일본군 위안부에 대해서 사과를 하긴 했지만, 그 이후 정부의 대표인 총리가 바뀔 때마다 전혀 다른 행동을 보여주었습니다. 조선을 침략한 것을 조선의 근대화를 도와준 것이라고 한다거나 전쟁 피해자들에 대해 이야기하지 않는 역사 교과서로 교육을 하고, 일본의 전쟁 범죄자들을 숭배하는 야스쿠니 신사에 일본의 총리가 참배를 가는 등의 행동이지요. 한국과 일본 사이에 더 많은 대화와 노력이 필요한 이유입니다.

세상에서 가장 슬픈 웨딩마치

덕혜가 남몰래 마음의 병을 앓고 있을 무렵, 신문 기사가 대한제국을 발칵 뒤집어 놓았다.

「덕혜옹주와 대마도 백작 소 다케유키가 결혼식을 올리기로 결정했다」

어린 시절부터 덕혜는 왕실의 상징과 같은 존재로, 일거수일투족이 신문에 도배되다시피 할 정도였다. 성적은 어땠는지, 어느 행사에서 어떤 옷을 입었는지 등 옹주에 관한 것은 무엇이든 신문에 실리곤 했다. 그만큼 덕혜옹주는 조선인의 사랑과 관심을 한 몸에 받는 유명 인사였다.

그런데 그런 덕혜옹주가, 조선의 왕녀가 일본인과 혼인을 한다니? 영친왕 때와 마찬가지로 내선일체를 표방한 처사였다. 그것도 상대는 황족도 아닌 일개 백작이었으며, 심지어 대마도 출신이었다. 대마도는 과거 조선에 조공을 바치기도 했던 곳으로, 이는 대한제국을 무시하는 처사가 틀림없었다.

"불쌍한 옹주마마, 어떻게 이럴 수가!"

"이은 전하에 이어 마마까지 일본인과 결혼한다니, 하늘에 계신 선황 폐하께서 아시면 통곡을 하시겠어…."

"난 이 혼인 절대 반대일세!"

이렇듯 조선의 민심은 점차 거칠어졌다. 게다가 흉흉한 소문까지 나돌았다.

"소 다케유키인가 뭔가 하는 그 백작 같아, 둘째가라면 서러운 추남이라던데? 애꾸눈에 키도 아주 자그마하다고."

"어디 그뿐이야? 천한 추남 주제에 옹주마마와 이 왕실의 재산을 가로챌 작정으로 접근한 거라고 하더라고."

　조선에서 시작된 소문은 일본에 있는 덕혜의 귀에까지 들어갔다. 덕혜는 그저 씁쓸하게 웃을 뿐이었다. 이런들 어떠하랴, 저런들 어떠하랴, 어차피 부질없는 것을…. 입맛이 없었다. 사흘 밤낮 물 한 모금 넘어가지 않았다.

　이번에도 마찬가지로 일본 궁내성의 결정이었다. 자신의 의사는 한마디도 묻지 않은 채 진행된 혼사의 이모저모에 더 이상 분노할 기력조차 남아 있지 않았다. 어쩌면 소 다케유키라는 그 백작 역시 본인의 의지와 상관없이 이 결혼을 하는 것일지도 몰랐다. 피차 가여운 처지가 아닌가. 이렇게 절망과 불행에도 면역이 되어 가는 모양이었다. 오히려 나처럼 모진 삶을 살고 있는 여인을 아내로 맞이하게 될 상대방이 측은하게 느껴지는 걸 보면.

　바람이 제법 쌀쌀해진 11월, 덕혜는 말로만 전해 듣던 자신의 남편감을 처음으로 대면했다. 그런데 소문과는 달라도 한참 달랐다. 애꾸에 추남이라던 소 다케유키 백작은 실상 훤칠하게 키가 큰 미남이었다. 동경대 영문과를 졸업

한 지식인이었고, 교양 있는 화가이자 시인이었다. 대마도 백작 가문에 양자로 들어갔을 뿐, 사실은 도쿄 출신이었다.

"덕혜님, 말씀은 많이 들었습니다. 소 다케유키입니다."

애초에 기대도 하지 않고 나온 자리였건만, 부드러운 목소리와 매너가 덕혜의 마음을 한결 편안하게 해주었다. 덕혜는 대답 대신 간단한 목례로 인사했다.

"제가 많이 부족하겠지만…."

다케유키는 침을 한 번 꿀꺽 삼키고 말을 이었다.

"서로의 빈 부분을 채워 가며 살면 어떻겠습니까?"

진심이 느껴지는 말이었다. 어쩌면 그에게도 쉽지 않은 결정이었을 텐데, 그는 자신에게 찾아온 이 운명을 덤덤하게, 그리고 적극적으로 받아들이기로 결단한 듯 보였다. 괜찮은 사람 같았다. 어쩐지 덕혜는 처음 보는 이 남자를 믿고 싶어졌다. 덕혜가 고개를 끄덕이자 그제야 다케유키에 입가에 엷은 미소가 비쳤다.

마음이 불안한 것은 오히려 이은 내외였다. 아직 옹주의 병이 세상에 알려지지 않은 채였다. 차마 알려져서는 안 되는 일이었다. 조선의 왕녀가 정신병에 걸렸다는 소문이 돈다면…. 생각만 해도 끔찍했다. 어쩌면 평생 결혼은커녕 미쳤다고 무시를 당하며 살아야 할지도 모르는 일이었다.

"그래도 다행이지요. 근래에는 많이 안정이 되셔서…."

"그러게 말이오. 요즘에는 식사도 잘하고 있지요?"

마사코가 고개를 끄덕였다.

"네, 말씀도 예전처럼 또박또박 잘하시고요. 많이 호전되신 듯합니다."

"불행 중 다행이군."

이은은 가슴을 쓸어내렸다.

"덕혜님은…, 일본에 오지 않는 편이 좋았을 거예요…."

마사코가 혼잣말처럼 중얼거리자 이은은 무슨 소리냐는 듯 아내를 바라보았다.

"그냥 조선에서 어머니와 함께 살다가 여학교를 마치고, 어느 귀족과 결혼해서 평범한 행복을 누리며 살았다면 얼마나 좋았을까요."

"…."

이은은 아무 말도 할 수 없었다. 마사코의 말이 전부 옳았다. 어쩔 수 없었다는 합리화를 하며 여기까지 왔지만, 사실 덕혜에게는 정말 몹쓸 짓이었다. 어떻게든 막았어야만 했다. 누구라도 나섰어야만 했다. 조금 더 목소리를 높였어야 했다. 그러나 나약한 왕 이은은 이 순간조차 그저 묵묵히 고개를 끄덕일 수밖에 없었다.

그리고 해가 바뀐 1931년 5월 8일, 덕혜옹주는 소 다케유키 백작과 결혼식을 올렸다. 처음부터 끝까지 완전한 일본식 혼인이었다. 덕혜는 어여쁜 드레스를 차려 입고 세상에서 가장 아름다운 신부의 모습으로 하루를 또 버텨냈다. 세상에서 가장 슬픈 웨딩마치였다.

조선의 신문은 앞다투어 왕녀의 결혼식을 보도했다. 어느 신문은 두 사람의 결혼사진에서 다케유키를 감쪽같이 지운 채 덕혜만 싣기도 했다. 소 다케유키에 대한 조선의 분노를 느낄 수 있는 대목이 아닐 수 없다.

그리고 이날 이후, 조선의 신문에서는 덕혜옹주의 소식을 찾아볼 수 없게 되었다. 한때는 왕실의 상징이자 유명

인사로 사랑받던 옹주가, 이제는 한낱 일본의 백작과 결혼한 배신자로 낙인찍힌 것이다.

그러나 덕혜에게는 한결 편안한 나날이 시작되었다. 결혼과 동시에 소 다케유키의 저택으로 거처를 옮긴 덕혜는 모처럼의 자유를 누릴 수 있게 된 것이다.

'여기서는 마음껏 물을 마셔도 괜찮아! 나를 감시하는 사람도 없어!'

시원한 물을 벌컥벌컥 들이키며 덕혜는 홀가분함을 느꼈다. 남편은 자상했고, 일상은 평화로웠다. 그렇게 과거의 아픔을 조금씩 잊어 가려는 찰나, 또 하나의 사건이 터졌다.

다케유키가 친구들을 집으로 초대해 다과를 즐기며 담소를 나누고 있었다. 그런데 느닷없이 덕혜가 응접실로 뛰어 들어온 것이다. 모두가 어리둥절한 상황이었지만 곧 친구들은 덕혜에게 인사를 건넸다.

"안녕하세요, 부인. 댁에 계셨군요?"

하지만 덕혜는 대답하지 않았다. 오히려 다른 소리가 들리기라도 하는 것처럼 이상하게 반응했다. 갑자기 소리 내어 까르르 웃어 젖히는 것이다.

"깔깔깔!"

모여 있는 모두가 당황스러운 기색을 감추지 못했다.

"부인? 이게 무슨…?"

"여, 여보? 갑자기 왜 그래요?"

"우습지, 참으로 우스워…. 그렇죠? 깔깔깔!"

덕혜는 몇 번이나 큰 웃음을 터트렸다. 다케유키와 친구들뿐 아니라 가정부와 하인들마저도 눈앞에 펼쳐진 이상한 광경에 넋을 잃었다. 덕혜는 마치 귀신에 홀린 것 같았다.

"여보, 정신 좀 차려 봐요. 여보!"

다케유키는 덕혜의 어깨를 흔들며 소리쳤다. 처음 보는 낯선 모습이었다. 두려웠다. 혼란스러웠다. 웃음을 좀체 멈추지 못하는 덕혜를 보며 다케유키는 직감했다.

'아내에게 병이 있구나!'

잠시 후 덕혜의 눈동자는 돌아왔지만, 다케유키는 그날 본 아내의 모습을 결코 잊을 수 없었다.

덕혜옹주를 통해 본 세계사

지금도 왕이 있는 나라가 있나요?

일제강점기에 대한제국의 황실은 일본에게 탄압을 받는 과정에서 힘을 점점 잃어갔습니다. 고종과 순종이 돌아가신 이후에는 조선의 궁에서도 살지 못했지요. 그 뒤를 이은 순종의 이복형제인 영친왕은 일본의 왕족으로서 살아야 했으니까요. 그럼에도 대한제국 황실의 계보는 지금까지 이어져 내려오고 있습니다. 현재는 고종의 증손자인 이원이 황사손으로 책봉되어 조선 왕실과 대한제국 황실 문화를 보존하는 단체를 이끌고 있지요. 우리나라는 일제강점기를 겪으면서 유명무실해졌지만 세계 곳곳에는 지금도 왕실이 남아 있는 나라들이 있습니다. 어떤 나라들이 있는지 알아볼까요?

왕이 있지만 지배하지 않는 나라

현재까지 왕실이 남아 있는 나라들은 대부분은 왕의 권한이 헌법에 제약을 받는 정치 체제인 입헌군주제를 따르고 있습니다. 왕이 모든 것을 할 수 있는 중세 시대와는 다르지요. 그리고 왕이 직접 통치하지 않고, 국민이 뽑은 의원이 법을 만들고(입법), 의원이 내각 구성원을 뽑아 나라의 공적인 일을 하는(행정) 의원내각제를 선택하고 있지요. 참고로 우리나라처럼 국민이 뽑은 대통령과 국회의원이 각각 행정과 입법을 나누어 하는 것은 대통령제라고 합니다.

그럼 왕실의 역할은 무엇일까요? 왕실은 그 나라의 역사와 문화를 상징합니다. 그래서 전통적으로 역사가 깊은 나라들은 국민의 소속감과 자부심을 높이기 위해 왕실을 유지하고 있지요. 영국, 네덜란드, 스페인, 벨기에, 덴마크, 타이, 말레이시아, 일본 등이 여기에 속합니다.

왕실은 국가의 얼굴이나 마찬가지이기 때문에, 국민의 관심을 받고 국민의 모범이 되기 위해 노력하지요. 대표적으로 타이의 전대 왕인 푸미폰이 있습니다. 현재 타이를 다스리는 차크라 왕조의 아홉 번째 왕으로 라마 9세라고 부르는데요. 70년 동안 나라를 다스리며 국민을 위해 헌신하는 모습을 보여 타이인들이 가장 사랑하는 왕이자 살아 있는 부처로 존경을 받았습니다. 소수 민족을 위해 직접 산으로 올라가 농업을 개발하고, 인공 강우 기술을 개발해 특허를 받았으며, 정권을 노리는 군사 정부가 몇 번이나 쿠데타를 일으켰음에도 이를 잘 해결하기도 했지요.

왕이 권력을 휘두르는 나라

반면 왕이 여전히 권력을 가지고 나라를 다스리는 곳도 있습니다. 이러한 정치 체제를 전제군주제라고 하지요. 여기에 해당하는 나라는 사우디아라비아, 쿠웨이트, 오만, 브루나이 등이 있습니다. 그리고 왕은 아니지만, 교황이 다스리는 나라 바티칸 시국 역시 전제군주 국가에 해당합니다.

교황이 모든 권력을 가지고 나라를 다스리니까요. 다만 교황은 다른 나라들처럼 자식이 왕위를 잇는 세습이 아닌 추기경단에 의한 선거로 뽑힌다는 차이점이 있지요.

전제군주제는 왕이 마음대로 나라를 다스릴 수 있어서 독재 정치가 이루어지기 쉽다는 위험성이 있습니다. 그래서 전제군주제에서 입헌군주제로 바뀐 경우도 많은데요. 가장 최근에 입헌군주제로 바뀐 나라가 바로, 행복지수 1위의 부탄입니다. 부탄을 다스리는 왕축 왕조는 국민의 행복을 가장 중요하게 생각했어요. 왕이 모든 것을 할 수 있는 나라가 아닌, 국민이 민주적으로 행복해질 수 있는 나라가 되길 바랐습니다. 그래서 점점 왕의 권력을 줄이고 2008년에는 총선거를 통해 의회를 만들었습니다. 부탄 국민들은 오히려 민주화를 반대했다고 합니다. 왕이 충분히 잘 통치하고 있는데 다른 정권이 들어서면 오히려 나빠질까봐 두려웠기 때문이지요. 하지만 왕이 투표를 독려했고 국민들은 사랑하는 왕을 위해 투표를 했다고 합니다.

내 딸
정혜

　1932년 8월 14일, 덕혜의 병으로 속앓이를 하던 다케유키가 모처럼 함박웃음을 지었다. 덕혜와 다케유키 사이에서 딸이 태어난 것이다.
　"수고했소, 여보. 정말 수고했소…."
　"아이는, 아이는 건강해요?"
　"아주 건강해요. 자, 여기 안아 보구려."
　덕혜는 자신의 뱃속에서 머물다 세상 빛을 본 핏덩이를 소중하게 품에 안았다. 말로 표현할 수 없는 감격과 설움이 한꺼번에 몰려왔다. 다케유키는 덕혜의 눈을 적시는 눈물

을 가만히 닦아주었다.

　아이의 이름은 '마사에', 조선 이름은 '정혜'로 지었다. 덕혜의 이름에서 따온 것이었다. 자신을 닮은 어린아이가 손가락과 발가락을 꼬물대는 모습을 그저 바라만 보아도

세상 모든 근심이 가시는 것만 같았다. 화가이기도 했던 아이의 아버지는 어린 정혜의 초상화를 그리며 즐거운 시간을 보내곤 했다.

덕혜옹주와 소 다케유키 백작은 아이를 데리고 왕실의 각종 행사에도 참여하며 모처럼 평화를 만끽했다. 어머니의 위대한 힘의 영향이었을까. 아이가 태어나면서 덕혜의 병도 호전되는 듯했기에, 덕혜 부부에게는 그 어느 때보다 행복한 나날이 아닐 수 없었다.

"세상에서 가장 소중하고 사랑스러운 우리 정혜야…. 엄마랑 오래오래 행복하게 살자꾸나."

그러나 병이 호전된 것은 어디까지나 '일시적'인 모양이었다. 아이가 자라날수록 덕혜의 마음의 병도 함께 자라나기 시작했다. 오히려 이전보다 더욱 증세가 심해졌다.

아이를 돌보아야 할 어머니가 이따금씩 정신을 놓아 버리는 것은 심각한 문제였다. 덕혜는 느닷없이 웃음을 터트리거나, 아이처럼 엉엉 울기도 했고, 잠을 자다가도 벌떡 일어나 이리저리 돌아다니기도 했다. 기억력도 점차 나빠졌다.

무럭무럭 자라서 학교에 갈 나이가 된 정혜의 눈에도 이젠 그런 엄마의 모습이 이상해 보이기 시작했다.

"아빠, 우리 엄마는 이상해요. 왜 저러시는 거예요?"

"어허, 그런 말하면 못써!"

"하지만 정말로 이상한걸요? 내 동무들의 어머니는 저렇게 행동하지 않아요. 아무도 저렇게 웃거나 울지 않는다고요! 어제는 마치 나를 모르는 사람처럼 행동하셨어요…."

"정혜야, 엄마는 조금 편찮으신 것뿐이란다. 하지만 세상 누구보다 너를 사랑하시는 분이야. 알겠지? 우리가 정성껏 돌봐드려야 한단다."

"…네."

시무룩해진 정혜를 다독이긴 했으나 다케유키의 마음도 편치는 않았다. 덕혜의 병이 눈에 보일 정도로 깊어지고 있었기 때문이다. 자신의 명예뿐 아니라 조선 왕실의 명예를 위해서라도 어떻게든 아내의 병이 세상에 알려지지 않도록 노력해 왔다. 의사도 제대로 한번 불러 보지 못했으니 제대로 된 치료도 해 주지 못했다.

덕혜는 점점 미쳐 갔다. 저택을 드나드는 일꾼들은 모두 덕혜의 상태를 알고 있었다. 어린 딸아이의 눈에도 이상할 정도였으니 더는 숨기기 어려웠다.

게다가 사춘기에 접어든 정혜에게도 어두운 그림자가 드리우기 시작했다.

"아빠, 아빠…. 엉엉…."

어느 날 학교에서 돌아온 정혜가 엉엉 울며 다케유키의 품으로 뛰어들었다. 다케유키는 딸아이를 다독이며 다정하게 물었다.

"우리 예쁜 공주님, 학교에서 무슨 일 있었니? 아빠에게

말해 볼래?"

정혜의 입에서 서럽게 뱉어진 말은 다케유키가 미처 예상치 못한 것이었다.

"친구들이 나를 따돌려요… 나는 조선인도 일본인도 아니라면서… 엉엉…."

그랬다. 정혜는 조선인 어머니와 일본인 아버지 사이에서 태어났다. 일본에서, 일본인처럼 옷을 입고, 일본 음식을 먹고 살았지만, 정혜의 몸에는 조선의 피가 흐르고 있었다. 어머니의 나라에 나쁜 감정을 가지고 싶진 않았다. 그러나 지금은 상황이 다르다. 조선은 일본의 지배를 받는 미개한 나라라고 배워 온 정혜에게는 조선의 피가 섞여 있다는 것이 수치스러웠다.

"정혜야…."

어느 틈엔가 덕혜가 딸의 울음소리를 듣고 응접실로 내려와 있었다. 눈빛은 여전히 흐리멍텅했다. 정혜는 눈살을 찌푸렸다.

"정혜라고 부르지 마! 난 소 마사에야, 일본인이라고!"

"저, 정혜야…. 내 딸 정혜…."

처음으로 딸아이의 반항을 경험한 덕혜의 입술이 파르르 떨렸다.

"어허, 어머니한테 그게 무슨 말버릇이냐?"

다케유키는 아이를 타이르면서도 마음이 아팠다. 사춘기 여자아이였다. 한창 예민할 나이에 자신을 돌보아 줄 어머니마저 저 신세니, 아이가 기댈 곳이 없는 것은 당연했다. 안쓰러웠다. 그러면 안 된다는 사실을 잘 알고 있지만, 그래봐야 아무 소용없다는 것도 잘 알고 있지만, 사실은 아내에게 서운한 마음도 들었다. 슬프게도 모녀 사이의 갈등은 점차 깊어져만 갔다.

다케유키의 집안뿐 아니라 세계 정세도 어수선하긴 마찬가지였다. 1939년, 2차 세계대전이 발발한 것이다. 이에 다케유키는 나라의 부름을 받고 전쟁터로 나가야 했고, 덕혜 모녀는 피난민 신세가 되었다. 잠시라도 긴장을 풀고 살 수 없는 날들이 계속되었다. 세 식구는 1년이 지나서야 다시 한자리에 모일 수 있었다.

그리고 1945년 8월 15일, 결국 일본이 항복의 기를 올렸다. 조선은 마침내 해방을 맞았고 진정한 독립을 꾀할 수 있게 되었다. 경사스러운 날이었다. 그러나 패전국인 일본의 분위기는 정반대였다.

귀족제가 폐지됨에 따라 소 다케유키 역시 백작의 신분이 박탈되고 말았다. 갑자기 어마어마한 재산세를 납부해야 하는 처지가 된 다케유키는 가지고 있던 재산을 차근차근 정리하기 시작했다. 패물을 팔고, 가정부들을 모두 내보내고, 마침내는 저택마저 매각해야 할 지경에 이르렀다. 으리으리한 대저택에 살던 다케유키 가족은 이제 허름하고 낡고 좁은 집에서 살아야 했다.

"깔깔깔, 이 더러운 곳은 대체 누구 집이지?"

"여보, 진정하시오. 여기가 우리 세 식구가 앞으로 살아야 하는 집이라오."

"돌아갈래! 나는 돌아갈 테야!"

"어딜 간단 말이오? 여보, 제발 정신 차리시오!"

가뜩이나 복잡한 상황에서 정신질환을 앓고 있는 덕혜

를 돌보는 것은 더욱 힘이 들었다. 그전에는 도움을 받을 가정부들이 있었지만, 이제는 그마저도 없다. 게다가 딸 정혜는 고작 열 살에 불과했다. 소 다케유키는 하루하루 피폐해져갔다. 정혜를 위해서라도 결단을 내려야 하는 순간이 온 것이다.

"여보, 덕혜…. 내 눈을 좀 보시오."

다케유키는 아내의 얼굴을 붙잡고 뚫어져라 바라보았다. 그러나 덕혜의 시선은 남편을 향하지 못하고 자꾸만 허공으로 흩어질 따름이었다.

"그저 못난 남편을 탓하시게나…. 이게 다 당신을, 그리고 정혜를 위한 길이라고 나는 믿소…. 정말 미안하오…."

문득, 남편의 말을 듣지 않는 것처럼 보이던 덕혜의 눈가가 젖어들었다. 그러나 슬픔과 죄책감에 사로잡힌 다케유키는 이를 미처 눈치 채지 못한 채 덕혜를 빈 방에 남겨두고 터벅터벅 걸음을 옮겼다.

1946년, 그렇게 조선의 마지막 왕녀 덕혜옹주는 마츠자와 정신병원에 입원했다.

덕혜옹주를 통해 본 세계사

대한민국의 광복은
어떻게 이루어졌을까요?

대한민국의 광복은 2차 세계대전에서 일본이 미국에 패했기 때문에 이루어졌습니다. 우리나라의 광복을 알기 위해서는 2차 세계대전 전후로 일본이 벌였던 중일전쟁과 태평양전쟁을 알 필요가 있지요. 이 전쟁은 일본이 벌인 것이지만 그로 인해 무수히 많은 조선인이 희생되었기 때문에 결코 남의 일이 아닙니다. 그럼 2차 세계대전에서 대한민국의 광복으로 이어지는 이야기를 좀 더 알아봅시다.

인류가 만든 두 번째 재앙, 2차 세계대전

1차 세계대전에서 패한 독일은 전쟁 배상으로 다른 나라의 빚에 허덕이고, 정치적으로도 큰 혼란을 겪고 있었습니다. 이때 나타난 사람이 바로 히틀러였지요. 히틀러는 나치라는 당의 대표로 시작해 곧 독일의 정치권력을 휘어잡았습니다. 그리고 이탈리아, 일본과 연합하여 2차 세계대전을 벌였습니다. 이때 홀로코스트라고 하는 600만 명의 유대인을 학살하는 끔찍한 일을 벌이기도 했지요. 일본 역시 조선을 비롯한 중국, 소련(지금의 러시아), 몽골, 말레이시아 등에서 수많은 전쟁 범죄를 저질렀습니다.

사실 일본은 2차 세계대전이 일어나기 전부터 중국과 싸우고 있었습니다. 일본은 호시탐탐 중국을 노리다가 1931년 만주사변을 일으켜 중국 동북 지역에 만주국이라는 나라를 세워 군사 기지를 만들었고, 1937년부터 본격적으로 중국을 침략하기 시작했습니다. 당시 중국 18개 성(省) 중 베이징, 상하이, 난징 등 10여 곳이 함락당하고 말았습니다. 중국은 나라 안에서 민주당과 공산당이 싸움을 벌이고 있었고, 군대의 수준도 일본보다 떨어졌기 때문에 계속 질 수밖에 없었습니다. 하지만 중국은 넓은 땅과 많은 수의 국민이 있었기 때문에 끝까지 일본에 대항해 싸울 수 있었습니다. 일본은 성을 함락시키면 바로 다음 성을 침략하기 위해 이동해야 했으므로 빼앗은 성의 중국인들을 학살하는 잔인한 일을 했습니다. 가장 많은 사람이 희생된 곳이 그때의 중국 수도였던 난징입니다.

당시 독일과 일본, 이탈리아의 공통점은 바로 개인은 국가나 사회를 위해 희생해야 한다는 생각을 가지고 있었다는 점입니다. 그래서 다른 나라나 민족의 사람들 역시 함부로 하는 일을 저질렀던 것이지요.

드디어 이뤄진 8.15광복

1939년 독일이 폴란드를 침략하며 시작된 2차 세계대전은 해가 갈수록 전쟁 범위가 점점 넓어졌습니다. 일본은 중국을 넘어 지금의 베트남 등이 있는 인도차이나 반도까지 침략했습니다. 인도차이나 반도는 프랑스의 식민지였기 때문에 프랑스와 싸우는 독일을 돕기 위해서였지요. 그러자 프랑스가 영국과 미국에게 도움을 요청했고, 미국은 일본으로 수출되는 석유를 막아 버렸습니다.

일본은 군대를 움직이는 데 필요한 자원이 끊기자 미국을 공격하기로 결정했습니다. 1941년 일본은 선전 포고도 하지 않은 채 태평양 한가운데 있는 미국의 해군기지 진주만을 공격합니다. 일요일 아침, 일본의 공격에 대비하지 못한 미국은 큰 피해를 입었습니다. 미국은 분노해 본격적으로 2차 세계대전에 뛰어들었습니다. 1945년 미국이 일본의 히로시마와 나가사키에 원자폭탄을 투하하고, 소련이 만주와 일본령이었던 섬들을 공격해 승리하자, 일본은 결국 8월 15일 항복을 선언했습니다. 이렇게 2차 세계대전은 끝이 났고, 우리나라도 광복을 맞이했습니다.

일본과 끝까지 싸운 독립군

사실 우리나라의 독립군도 전쟁 막바지에 일본을 향한 총공격을 준비하고 있었습니다. 독립군은 1919년 3.1운동 이후로 활발한 활동을 했는데요. 가장 큰 전투가 바로 1920년에 있었던 청산리 전투입니다. 같은 시기에 있었던 봉오동 전투는 영화로도 만들어졌는데요. 두 전투에서 독립군은 승리를 거두었지만, 주둔지가 소련과 중국의 땅이었기 때문에 각국의 상황에 휘말리거나 일본의 탄압으로 뿔뿔이 흩어지고 말았습니다.

독립군이 다시 조직되고 활동을 시작한 것은 중일전쟁 이후였습니다. 독립군은 중국과 함께 일본군에 맞서 싸웠고, 1940년 창설된 한국광복군과 1942년에 만들어진 조선의용군은 하나의 군대로 합쳐져 연합국의 편에 서서 인도·버마(지금의 미얀마) 전쟁에 참여하기도 했습니다. 이후에는 미국의 지원을 받아 국내로 진군할 예정이었으나, 일본이 원자폭탄을 맞고 급작스럽게 항복을 선언하는 바람에 기회를 잃고 말았습니다. 이런 이유로 광복은 우리에게 너무나 기쁜 일이지만, 자주적으로 이루지 못해 아쉽다는 평가를 받기도 합니다.

마음의 감옥에서, 마침내 집으로

"여보, 나를 좀 보세요. 여기 좀 봐요."
"…."

다케유키가 종종 병원을 찾아 애타게 아내를 불렀지만, 침묵만이 돌아왔다. 병원의 치료를 받았음에도 병색은 나날이 깊어만 갔다. 이따금씩 콧노래를 부르는 날도 있었지만, 금세 어린아이처럼 울음을 터트리기 일쑤였다.

"아바마마, 살려주세요! 꺅! 저리 가, 가란 말이야!"

이렇게 때때로 발작을 일으키거나 병적인 거동을 보일 때 외에는 아예 움직임도 보이지 않았다. 말도 하지 않았다. 마치 말하는 법을 잊은 듯했다. 처음에는 영혼이 마음에 갇히더니, 이젠 육신마저 정신병원이라는 감옥에 갇히고 말았다.

병원에서 나오며 다케유키는 그저 푸른 하늘을 원망할 수밖에 없었다. 너무나도 가혹했다. 그저 한 개인으로서도 버티기 힘든 잔인하고도 가혹한 운명을, 망국의 왕녀라는 신분하에 온몸으로 받아내야만 했던 삶. 미치지 않고는 버틸 수 없는 삶. 그것이 가엾은 아내가 감당해야 했던 삶이었으리라.

입원한 뒤, 다케유키와 이은 내외 말고는 덕혜를 찾는 이도 없었다. 조선의 왕녀는 이토록 외롭고 쓸쓸한 나날을 보내며 생의 불꽃을 태워가고 있었다. 시간은 무섭게 흘렀지만, 덕혜만은 느끼지 못했다.

그러던 어느 날, 간호사의 안내를 받고 낯선 남자가 덕혜의 병실 앞에 섰다. 그는 떨리는 목소리로 말했다.

"옹주마마…."

뜻밖의 손님은 한국의 신문기자로 일본에 특파원으로

와 있던 김을한이었다. 김을한은 덕혜옹주와 의외의 인연을 지니고 있었는데, 어린 덕혜옹주를 조선인과 혼인시키려던 고종과 김황진이 점찍어둔 배필이 바로 김을한의 동생이었던 것이다.

비록 자신의 동생과 옹주가 맺어지진 못했으나, 귀한 인연이 될 수도 있었던 까닭에 김을한은 늘 덕혜옹주가 마음에 걸렸다. 비록 시간이 많이 흘렀지만, 이제라도 덕혜옹주를 찾아 일본의 정신병원까지 방문한 것도 그런 이유에서였다.

그러나 덕혜는 김을한이 아무리 불러도 돌아보지 않았다. 우두커니 앉아 허공을 응시하고 있었다. 오랜 시간 빛을 보지 못한 듯 희고 창백한 피부는 안타까웠고, 여전히 커다란 눈동자에는 초점이 없었다. 마치 이 세상 사람이 아닌 듯했다.

김을한의 가슴이 찢어지는 것만 같았다. 조선의 관심과 사랑을 한 몸에 받던, 쾌활하고 영특하던 소녀는 더 이상 존재하지 않았다. 생의 모든 감각을 잃어버린 중년의 여인

이 무기력하게 앉아 있을 뿐이었다.

"전하, 이게 대체 어떻게 된 일입니까…. 어쩌다가 옹주께서 저 지경이 되신 겁니까…."

김을한은 침통한 표정으로 물었다. 이은은 고개를 푹 숙였다.

"다 제가 무능한 탓이지요…. 불쌍한 저 아이를 조선으로 데리고 갈 수만 있다면 얼마나 좋겠습니까….”

이은은 여동생의 마음의 병을 치료하는 가장 좋은 방법이 고향으로 돌아가는 것이라 믿었다. 부모님의 사랑을 듬뿍 받으며 자란 궐에서 남은 생을 편안하게 보내게 해주고 싶었다. 그러나 더 이상 일본의 지배를 받지 않는 때였음에도 마음대로 한국에 돌아갈 수 없었다.

전쟁이 끝나고 다케유키가 백작의 지위를 박탈당한 것처럼, 대한민국에서도 역사가 되어버린 옛 황실의 특권은 사라진 상태였다. 대한제국이었던 나라는 허리에서 절반으로 갈라졌고, 남쪽의 이승만 대통령은 망국의 황족에게 그리 관대하지 않았다. 정치에 방해가 된다고 여겼기 때문이다. 일본에서도, 한국에서도 오갈 데 없는 천덕꾸러기 신세가 되어버린 것이다. 덕혜뿐 아니라 이은 내외 역시 한국으로 돌아가는 길이 쉽사리 열리지 않았다.

“하아….”

김을한은 한숨을 푹 내쉬었다. 그러나 덕혜옹주의 쓸쓸한 뒷모습이 도무지 잊히지 않았다.

"반드시 다시 돌아오겠습니다. 반드시 이 감옥에서 꺼내 드리겠습니다. 마마, 조금만 기다리십시오. 저 김을한이 반드시 마마를 조선으로 돌아가시도록 하겠습니다."

다짐에 다짐을 하며 김을한은 돌아섰다.

그러나 김을한이 대책을 강구하는 동안 세월은 또 속절없이 흘러만 갔다. 덕혜가 입원한 지도 어언 10년이 훌쩍 넘었다. 달라진 건 아무것도 없었다. 덕혜는 여전히 유령처럼, 인형처럼 정신병원에 수감되어 있었다.

그리고 어느 날, 이은과 다케유키는 침울한 분위기 속에 만남을 가졌다. 수척한 다케유키를 보니 이은은 안쓰러운 마음부터 들어 악수를 청했다.

"고생이 많지요?"

"고생은요…."

34세의 젊은 덕혜옹주를 정신병원에 보낸 다케유키는 조선인에게는 원수와도 같았다. 그러나 일찌감치 덕혜의 병을 알고 있었던 이은 내외만은 다케유키의 상황을 이해할 수 있었다. 곁에서 지켜보면서 그도 할 만큼 했다는 사실을 잘 알고 있었기 때문이다. 일본에서의 모든 지위와 특권을 잃어버린 다케유키에게는 덕혜를 돌볼 경제적 여건조차 허락되지 않았다. 덕혜의 입원비용을 부담하는 것도 이은의 몫이었다.

"그동안 고마웠습니다. 덕혜도 아마 이해할 거예요. 지금은 저리되었어도, 실상은 속이 깊은 아이랍니다."

"…."

다케유키는 덕혜와의 작별을 준비하는 것이었다. 그는 고개를 푹 숙이고 눈물을 뚝뚝 흘렸다.

"죄, 죄송합니다…."

이은은 진심을 담아 다케유키의 어깨를 다독였다.

그리고 1955년, 25년간의 결혼생활을 정리한 다케유키는 결혼할 때 받았던 모든 재산을 정리해 이은 내외에게 보냈다. 한때 옹주의 재산을 노리고 접근했다는 소문도 돌았지만, 사실 다케유키는 정신병원에 입원한 아내의 재산으로 떵떵거리며 살 만큼 뻔뻔한 성격이 못 되었던 것이다.

그리고 같은 해, 두 사람의 딸 정혜 아니 소 마사에는 결혼식을 올렸다. 꽃처럼 아름다운 신부의 모습이었다.

'덕혜…. 우리 딸이 오늘 결혼을 한다오. 함께 이 모습을 볼 수 있다면 좋았을 것을….'

경사스러운 자리였지만 다케유키의 얼굴 한쪽에 드리운 그늘은 쉽사리 걷히지 않았다. 마사에는 아빠의 마음을 달래기라도 하듯 아빠의 품에 안겼다.

"아빠, 저 행복하게 잘 살게요. 모든 게 다 잘될 거예요, 그러니 걱정하지 마세요."

아픔을 간직한 부녀는 서로의 체온을 느끼며 그간의 고생스러웠던 일들을 회상했다. 그래, 이제 다 끝났다. 다 잘 될 것이다…. 다케유키는 애써 마음을 다독였다.

그러나 불과 1년 뒤인 1956년, 마사에는 스스로 목숨을 끊겠다는 내용의 유서를 남긴 채 증발해 버렸다. 유서에는 평소 마사에가 자주 오르던 산 이름이 쓰여 있었다. 다케유키의 심장이 철렁 내려앉았다. 가뜩이나 신경쇠약으로 위태롭던 아이였다. 다케유키는 경찰에 호소했다.

"우리 딸은 그럴 아이가 아닙니다. 분명 살아 있을 겁니다! 제발 우리 딸을 찾아 주세요!"

수색대가 꾸려졌고 온 산을 샅샅이 뒤졌지만 마사에의 행방은 결국 찾을 수 없었다. 아버지는 딸의 시신이라도 찾게 해 달라고 빌었으나, 태풍으로 인해 더 이상 손쓸 방도가 없었다. 그렇게 다케유키와 덕혜의 유일한 피붙이인 정혜, 소 마사에는 세상에서 사라졌다.

눈에 넣어도 아프지 않은 딸의 소식을 아는지 모르는지, 덕혜는 죽은 듯이 살고 있었다.

"아바마마, 아바마마…."

외롭고도 처절한 음성이 터져 나왔다. 또 꿈을 꾼 것이다. 덕혜는 눈물범벅이 되어 꿈에서 깨어났다. 마침 식사를 가져온 간호원이 환자의 얼굴을 닦아주며 다정스레 물었다.

"또 고향 꿈을 꾸셨나요?"

주름진 얼굴이 고개를 끄덕였다. 얼마 되지 않는 정신이 온전한 순간마다 덕혜는 조선을 그리워하곤 했다. 남편도, 딸도 더 이상 곁에 없는 덕혜가 생을 버티고 있는 마지막 이유는 오직 조선으로 돌아가는 것뿐이었다.

어린 시절, 사랑하는 아바마마 앞에서 재롱을 부리며 뛰어놀던 그때의 모습이 자꾸만 꿈에 나왔다. 아무것도 모르는 천진난만한 덕혜의 눈에는 모든 것이 아름다웠고 평화롭기만 했다. 그러나 꿈에서 깨어나면 차가운 병실 천장만이 덕혜의 눈을 가득 채울 뿐. 그런 날이면 오히려 꿈을 꾸기 전보다 더 절망스럽고 고독해졌다.

'과연 조선으로 돌아갈 그날이 오긴 할까….'

덕혜에게도, 이은 내외에게도 '그날'이란 너무도 막막할 뿐이었다. 그러나 그날은 아주 천천히, 그리고 분명히 도래하고 있었다.

1960년 4월 19일, 마침내 이승만의 독재가 끝이 났다. 이승만의 뒤를 이어 실권을 장악한 박정희는 조선 왕조의 마지막 후손들에게 호의적인 태도를 보였다. 거기에 덕혜옹주의 처참한 모습을 목격한 김을한이 탄원서를 내는 등 지속적으로 덕혜옹주의 귀환을 주장했다.

그렇게 많은 사람의 노력과 정치적 흐름 가운데 점차 긍정적인 분위기가 형성되기 시작했다. 그리고 정신병원에

입원한 지 어느덧 15년, 드디어 덕혜는 이 창살 없는 감옥에서 빠져나올 수 있었다.

1962년 1월 26일, 김포공항에 비행기 한 대가 착륙했다. 많은 사람과 기자들은 비행기만을 뚫어져라 쳐다보고 있었다. 그리고 그 틈바구니에서 한 노인이 땅에 엎드렸다. 비행기를 향해 큰절을 올린 것은 다름 아닌 덕혜옹주의 유모, 변복동이었다.

"아기씨!"

문이 열리자 변복동은 찢어지는 듯한 목소리로 덕혜를 불렀다. 통곡에 가까운 목소리였다. 이제 더 이상 덕혜를 아기씨라 부르는 사람은 없었으나, 오직 유모에게만은 여전히 '복녕당 아기씨'였다. 덕혜에게 젖을 물리고 등에 업고 다니며 키은 변복동은 이제 쪼글쪼글한 노인이 되어 있었다.

덕혜는 유모를 기억하지 못하는 듯했다. 환영 인파가 내민 꽃다발을 받고서도 무표정이었다. 그러면서도, 유모가 내민 손을 꼭 잡았다. 그 손을 내내 놓지 않은 채 그립고 그립던 창덕궁으로 돌아왔다. 마침내, 집으로 돌아온 것이다.

일본에서는 조선인이라고, 조선에서는 일본인이라고 서로 그 책임을 미루던 천덕꾸러기에서 벗어나, 이제 '덕혜옹주'로서 당당히 존재할 수 있게 되었다.

이후 덕혜옹주는 서울대병원에서 입원 치료를 받다가, 창덕궁의 낙선재로 거처를 옮기게 된다. 오라버니 이은과 유모 변복동도 세월을 이기지 못하고 세상을 떠났다.

몸과 마음이 점차 쇠약해진 옹주는 1989년 4월 21일, 낙선재의 수강재에서 눈을 감는다. 정신분열증과 실어증으로 제대로 된 유언 한마디 남기지 못하고 떠난 것이다.

정신이 맑은 순간에 끄적끄적 남긴 메모 한 장이 그녀의 유언장이나 다름없었다. 그 종이에는 이렇게 쓰여 있었다.

나는 낙선재에서 오래오래 살고 싶어요.
전하, 비전하, 보고 싶습니다.
대한민국 우리나라.

고종과 조선의 보물로 태어났으나 자유를 빼앗긴 채 평생을 고독과 절망 속에서 살아야 했던 조선의 마지막 왕녀, 덕혜옹주. 일제의 억압과 육신에 눌려 잃어버렸던 그 웃음을, 그녀는 눈을 감은 뒤에야 비로소 되찾게 되었을까.

조선의 마지막 왕녀

덕혜옹주

덕혜옹주를 통해 본 한국사

대한민국 국민은 왜 다시 광장으로 나가야 했을까요?

이승만 대통령은 자신의 정치적 입지가 약해지는 것을 우려하여 덕혜옹주가 한국에 돌아오는 것을 반기지 않았습니다. 결국 덕혜옹주가 귀국을 할 수 있었던 것은 광복이 된 지 7년이 지나서였지요. 그동안 대한민국에서는 어떤 일이 일어났을까요?

독일과 한국이 분단국가가 되어야 했던 이유

2차 세계대전이 끝난 뒤 패전국이 된 독일은 미국, 영국, 프랑스 등이 지원하는 서독과 소련이 지원하는 동독으로 나뉘어야 했습니다. 미국과 영국, 프랑스는 현재 우리가 사는 자본주의 사회였으나, 소련은 공산주의 사회였기 때문이지요. 자본주의란 개인이 자신의 재산을 가질 수 있고, 이를 자유롭게 사고파는 과정에서 이익을 얻을 수 있는 경제 체제를 뜻합니다. 반면 공산주의란 자본주의로 인해 생기는 부자와 가난한 사람의 차별을 비판하며, 공동의 재산을 통해 공평하게 생산하고 이익을 나누어 갖는 경제 체제를 말합니다. 자본주의를 대표하는 미국과 공산주의를 대표하는 소련의 사이는 나쁠 수밖에 없었지요.

결국 독일은 미국과 소련의 구역을 나누는 경계선 역할을 위해 반으로 나뉠 수밖에 없었습니다. 슬프게도 같은 일이 우리나라에서도 벌어졌습니다. 소련과 중국의 영향 아래 있는 북한과 미국의 지원을 받는 남한으로 나뉜 것이지요. 사실 이는 패전국인 일본에서 일어나야 할 일이었으나, 일본은 섬이었기 때문에 경계선 역할을 제대로 할 수 없었습니다. 그래서 중국과 소련을 맞대고 있는 한반도가 남북으로 나뉘는 희생양이 되어야 했지요.

이런 이유로 1948년 5월 10일 남한에서만 총선거가 치러졌습니다. 이로써 대한민국의 첫 번째 대통령으로 이승만이 뽑혔고, 그해 8월 15일 대한민국 정부가 세워졌음을 전 세계에 알렸습니다.

'대한 독립 만세' 대신 광장에 울려 퍼진 '민주주의'

이제 대한민국은 민주주의 국가로서 발전할 수 있을 거라고 생각했습니다. 하지만 이승만은 헌법을 바꾸고 부정선거를 저지르면서 계속 대통령을 하려고 했습니다. 지금의 대통령 자리는 5년의 임기로 한 번만 할 수 있지만, 당시에는 임기 4년에 중임을 해서 총 8년 동안 할 수 있었습니다. 하지만 이승만 전 대통령은 12년 동안 세 번이나 대통령이 되었지요.

1920년 네 번째 대통령 선거 때는 다른 후보가 갑자기 죽는 바람에 단독으로 출마를 했습니다. 그 외의 다른 사람이 대통령 후보에 오르는 것을 막기도 했지요. 문제는 부통령을 뽑기 위한 선거에서 벌어졌습니다. 부통령은 과거에만 있던 대통령 다음가는 직위로, 이승만과 같은 당의 이기붕을 당선시키기 위해 여러 가지 부정 선거가 벌어졌습니다. 미리 조작해 둔 투표함과 기권표를 바꿔치기 한다든가, 3~5명씩 짝을 지어 공개 투표를 하는 등 선거의 기본적인 원칙을 무시한 선거였지요.

이에 선거일이었던 3월 15일 마산과 광주에서 부정선거를 반대하는 시위가 일어났습니다. 두 지역에서 각각 1000여 명의 사람들이 모여서 민주주의를 외쳤는데요. 마산 의거 때 실종됐던 고등학교 1학년 김주열 학생의 시신이 한 달 뒤에 바다에서 떠올라 발견되자 시위는 전국으로 확대되었습니다. 대학생과 중고등학생을 비롯해 시민들이 거리로 나왔습니다. 3.1운동에서 독립을 외쳤던 것처럼 국민들은 광장에 모여 민주화를 외쳤습니다. 이렇게 시민들의 힘으로 정권을 바꾼 사건을 4.19혁명이라고 합니다. 이를 계기로 덕혜옹주가 한국에 돌아오는 것을 막았던 이승만 정권은 역사 속으로 사라졌습니다.

역사를 보면 알 수 있듯이 우리나라는 독립 운동과 민주화 운동 등 국민이 적극적으로 싸워서 나라의 독립과 민주화를 이루어 내었습니다. 이러한 역사는 오늘날까지도 이어져 촛불 집회를 비롯한 여러 평화적이고도 민주적인 시위 문화를 만들고 있습니다. 좀 더 발전되고 성숙한 민주주의 사회를 위한 우리의 노력은 앞으로도 계속 이어질 것입니다.

사진으로 보는 덕혜옹주

덕혜옹주의 유치원 사진 (앞줄 가운데)

1925년 덕혜옹주

소 다케유키와 덕혜옹주

* 사진은 국립고궁박물관 소장임을 밝힙니다.

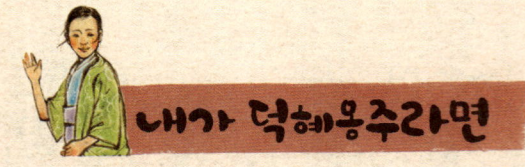

1. 왕족으로 태어난다면

덕혜옹주는 고종의 막내딸로 태어나 왕은 물론 궁 안의 모든 사람들에게 사랑을 받았습니다. 궁 안에 지은 유치원에서 선택받은 아이들과 공부를 했고, 짧은 거리도 걷지 않도록 가마를 타고 이동하기도 했지요. 하지만 옹주이기 때문에 슬프고 힘들지만 속마음을 털어놓을 수 없는 경우도 많았습니다.

세계에는 지금도 왕실 문화가 남아 있는 나라들이 있는데요. 여러분이 덕혜옹주처럼 공주나 왕자로 태어나면 어땠을지 상상해 보세요.

❶ 공주나 왕자라면 어떤 점이 좋을까요? 혹은 어떤 일을 하고 싶은가요?

_____

_____

❷ 공주나 왕자가 되면 어떤 점이 힘들까요?

_____

_____

2. 나의 일상생활이 모두 공개된다면

> 덕혜옹주는 대한제국의 왕녀였기 때문에 일거수일투족이 기사거리가 되어 신문에 실렸습니다. 학교 성적은 어떤지, 어떤 옷을 입는지 등 지금의 연예인처럼 말이지요. 그래서 일본은 이를 이용해 일본에 데려갈 때 일부러 기모노를 입히거나, 어머니 양 귀인의 장례식에는 상복을 입지 못하게 했습니다. 조선의 왕녀가 일본에 속해 있다는 것을 알리기 위해서였지요.

여러분도 덕혜옹주처럼 행동 하나하나가 공개되는 생활을 한다면 어떤 느낌이 들까요? 자신의 행동을 기록해서 공개하는 소셜네트워크서비스(SNS)에 대해서도 함께 생각해 보아요.

❶ 요즘은 SNS나 동영상 공유 채널의 발달로 자신의 일상을 공개하는 경우가 많은데요. 어떤 서비스를 자주 사용하나요? 그 이유는 무엇인가요?

_____

_____

❷ SNS나 동영상 공유 채널에서 자신의 생활을 노출하거나 다른 사람의 게시물을 볼 때 어떤 점을 주의해야 할까요?

_____

_____

3. 자유를 빼앗긴다면

> 덕혜옹주는 빼앗긴 나라의 왕녀라는 이유로 모든 것을 일본의 뜻에 따라서 해야 했습니다. 원하지 않았지만 일본에 가서 다른 나라 언어로 일본인과 섞여서 수업을 들어야 했고, 얼굴도 모르는 일본인과의 결혼이 정해졌습니다. 심지어는 가족의 장례식에도 참석하지 못했지요. 이렇게 나라를 잃은 옹주는 자신의 나라에서 원하는 것을 하는 행복을 누릴 수 없었습니다.

여러분이 덕혜옹주처럼 자유를 빼앗기고 하고 싶은 것을 할 수 없게 된다면 어떨지 상상해 보세요.

❶ 하고 싶었던 것을 할 수 없었던 경험이 있나요? 혹은 하고 싶은 것을 할 수 없게 된다면 어떨까요?

_____

_____

❷ 하고 싶은 일을 하기 위해서는 어떻게 해야 할까요?

_____

_____

4. 다른 나라에서 살아야 한다면

> 덕혜옹주는 37년간 일본에서 살았습니다. 일본에도 가족이 있었지만, 자신이 나고 자란 대한민국에서는 살 수가 없었지요. 광복을 한 후에도 정치적인 문제와 병으로 인해 한국에 돌아오는 데 오랜 시간이 걸렸습니다. 귀국한 덕혜옹주는 창덕궁 낙선재에서 살았습니다. 그녀가 쓴 낙서에는 '낙선재에서 오래오래 살고 싶어요'라는 내용이 있어, 고국을 그리워했던 마음을 느낄 수 있습니다.

여러분이 덕혜옹주처럼 대한민국이 아닌 다른 나라이 살아야 한다면 어떨지 상상해 보세요.

❶ 살고 싶은 다른 나라가 있나요? 왜 그 나라에서 살고 싶은가요?

_____

_____

❷ 대한민국이 아닌 다른 나라에 살면 어떤 점이 다를까요? 좋은 점과 나쁜 점을 생각해 보세요.

_____

_____

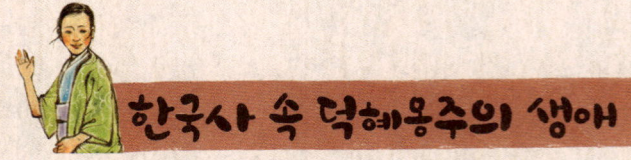

한국사 속 덕혜옹주의 생애

한국사 연표		덕혜옹주 연표
대한제국 선포	1897년	
만민공동회 개최	1898년	
러일전쟁 발발	1904년	
을사늑약 체결, 을사의병 봉기	1905년	
통감부 설치	1906년	
국채보상운동, 헤이그 특사 파견, 고종 퇴위	1907년	
한일병합조약 체결(경술국치)	1910년	
	1912년	복명당 아기씨 탄생
	1916년	황실 유치원 입학
	1917년	황적 입적
3.1운동, 대한민국 임시 정부 수립	1919년	고종 승하
청산리 전투, 봉오동 전투	1920년	영친왕 이은, 일본 왕족 나시모토 마사코와 결혼
	1921년	히노데 소학교 입학, '덕혜'라는 이름을 얻음
물산장려운동	1923년	
	1925년	일본에 강제로 끌려감

한국사 연표		덕혜옹주 연표
6.10만세운동	1926년	순종 승하
신간회 조직	1927년	
광주학생항일운동	1929년	어머니 양 귀인 서거
김구, 한일애국단 조직	1931년	덕혜옹주와 소 다케유키 백작의 결혼
이봉창(도쿄), 윤봉길(상하이) 의거	1932년	덕혜옹주의 딸, 정혜(마사에) 탄생
국가 총동원법 공포	1938년	
	1939년	다케유키 군 입대
한국광복군 창설	1940년	
여운형, 조선건국동맹 조직	1944년	
8.15광복	1945년	
1차 미소공동위원회 개최	1946년	마츠자와 정신병원 입원
2차 미소공동위원회 개최	1947년	
제주 4.3사건, 5.10 총선거 실시, 대한민국 정부 수립	1948년	
6.25전쟁	1950년	
1.4후퇴	1951년	
1차 개헌	1952년	

167

한국사 연표		덕혜옹주 연표
휴전협정 조인	1953년	
2차 개헌(사사오입 개헌)	1954년	
	1955년	덕혜옹주와 소 다케유키 이혼
	1956년	딸 정혜(마사에) 실종
3.10부정선거, 4.19혁명	1960년	
5.16군사정변	1961년	
	1962년	한국 귀향
부마민주항쟁, 10.26사태, 12.12사태	1979년	
5.18민주화운동	1980년	
6월민주항쟁	1987년	
	1989년	덕혜옹주 별세

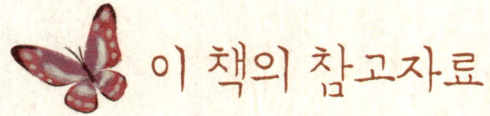 이 책의 참고자료

- 혼마 야스코, 《대한제국 마지막 황녀 덕혜옹주》
- 한국역사논술연구회, 《조선의 마지막 꽃 덕혜옹주》
- 국립고궁박물관
- KBS 역사저널 그날 〈마지막 왕녀, 덕혜옹주〉 편
- 포털사이트 NAVER 지식백과
  - 인물한국사, 한국민족문화대백과, 문화콘텐츠닷컴 등

지은이 김이슬

누군가에게 선물하고 싶은 책, 처음만 좋은 것이 아닌 끝까지 좋은 책을 만들기 위해 노력하는 북에디터입니다. 조선의 마지막 왕녀가 겪어야만 했던 아픈 삶과 안타까운 역사에 깊이 공감하며 이 책을 썼습니다.

그린이 김소영 agamistudio

KBS〈TV동화 행복한 세상〉애니메이션 작가로 활동했습니다. 광고, 잡지, 그림책 등 다양한 분야에서 그림을 그리고 있으며 이러한 경험을 바탕으로 상상력에 목마른 어른들을 위한 그림 교육에도 힘쓰고 있습니다.
인스타그램 @agamistudio

조선의 마지막 왕녀

2020년 01월 10일 1판 1쇄 펴냄

글쓴이	김이슬
그린이	김소영
펴낸이	박인수
펴낸곳	주니어단디
주소	경기도 파주시 탄현면 사슴벌레로 45
편집	김이슬
디자인	김희진
등록	제 406-2016-000041호(2016. 3. 21.)
전화	031-941-2480
팩스	031-905-9787
이메일	dandibook@hanmail.net
홈페이지	dandibook.com
INSB	979-11-89366-08-7 74810
	979-11-89366-03-2 (세트)

• 이 책은 저작권법에 따라 보호받는 저작물이므로 무단 전재와 복제를 금합니다.
• 이 책의 일부를 사용하려면 주니어단디의 서면동의를 받아야 합니다.
• 잘못된 책은 구입한 곳에서 바꾸어 드립니다.

이 도서의 국립중앙도서관 출판예정도서목록(CIP)은 서지정보유통지원시스템 홈페이지(http://seoji.nl.go.kr)와 국가자료공동목록시스템(http://www.nl.go.kr/kolisnet)에서 이용하실 수 있습니다.(CIP제어번호: CIP2017010752)